高等教育课程的主要问题

University Curriculum: History, Issues, and Changes

胡莉芳◎著

中国人民大学出版社
·北京·

本成果受到中国人民大学2017年度
“中央高校建设世界一流大学（学科）和特色发展引导专项资金”支持

序：论大学课程的科学性

2017 年 10 月，受北京大学教育学院陈晓宇院长的邀请，我参与第二届“研究型大学教育学院院长国际论坛”，并且受邀在论坛上做了一个主题报告，分析与阐述综合大学教育学院发展所面临的挑战、改革的思路。这对于我来说是一份信任，也是一个挑战。因为综合大学的教育学科虽然属于一般的教育学科，它也应该被纳入基础教育的改革发展范畴，包括中小学教师的培养与相关问题的研究，但是，高等教育本身能不能简单地按照一般教育理论进行建设呢？现代大学制度的建设是否需要更加专门化的高等教育理论进行指导呢？这些仍然是高等教育在深化改革的过程中需要进一步探讨的问题。而且，美国芝加哥大学教育学院的教训也一直在提醒我们，如果抓不住综合大学教育学科的理论定位与内在规律，其后果是不堪设想的。由于传统的教育理论往往主要是对中小学教育规律的探讨，较少涉及高等教育，所以也有人对一些学者按照一般教育理论管理大学的做法抱怨不已。为此，如何深入探讨高等教育本身的理论与内在规律，成为一个非常重要的问题。近年来我也在一直思考这个问题。尽管我于 2005 年在《教育研究》杂志上发表了《高校课程的变化与特点》一文，但尚未论及上述高等教育课程的问题。幸运的是，胡莉芳的专著《高等教育课程的主要问题》深入阐述了课程的历史与内涵，对大学课程与人才培养的关系、课程与学科专业的关系、课程与大学治理的关系等方面进行了系统的研究与说明，特别是对新生研讨课与慕课（MOOC）等大学课程形态进行了分析，引导与启发我逐渐找到了分析大学课程与中小学课程特点及差异的思路，使我慢慢地厘清和认识了大学课程的独特价值，即大学课程的科学性。

显然，大学课程面对的是已经步入成年的大学生，大学课程的学习主体是已经具有比较扎实的知识基础和学术水平的优秀青年，而且，大学课程的内容也具有专业性，更加重要的是，大学课程在一定程度上体现了研究与探索的性质，即便是大学的基础课程也是如此。毋庸置疑，大学课程的这些特点与中小学课程是非常不同的。对此，美国教育学家杜威曾有一段非常重要的论述。他提道，每种学科或科目都有两个方面：一方面是就科学家作为一个科学家来说，另一方面是就教师作为一个教师来说。这两方面绝不是对立或互相冲突的，但又不是完全相同的。在科学家看来，教材不过代表一定的真理，可用来找出新问题，开展新研究；科学中的教材是独立的，它把其中各种不同的部分相互归类，并联系新的事实以相印证；它从不超越它的特定范围，即使有的话，也只是搜集更多的同类事实。教师的问题就不同了。作为一个教师，他考虑的是科学的教材所代表的经验发展的某一阶段或状态，以及引导学生有一种生动的个人体验。因此，作为教师，他考虑的是怎样使教材变成经验的一部分，怎样利用这些因素解释儿童的行为，并确定儿童应处的环境，以便使儿童的成长获得适当的指导。他的考虑不限于教材本身，他是把教材作为经验的因素来考虑的。这样便使得教材心理化了①。我相信，对于这样一段非常详细与精彩的论述，任何的解释和说明都是多余的。因为，它已经非常清楚地指出了大学课程与中小学课程的不同，即大学课程的科学化与中小学课程的心理化。换句话说，大学课程的基本特征就在于它的科学性。这种课程的科学性表现在它所具有的科学的外部形式与内在的逻辑上，而且更加重要的是它能够体现科学的功能与价值，具备科学的评价标准，等等。而胡莉芳

① 杜威．杜威教育文集．北京：人民教育出版社，2013：121．

的研究，正是从不同的角度充分详尽地分析了大学课程的这种科学性。根据胡莉芳的研究，大学课程的这种科学性至少应该具有以下几个特点：

首先，大学课程的内容必须是类型化的。这种类型化主要指的是大学课程的内容常常是按照某些不同的标准与要求构成的。它反映了不同时代有关知识的分类以及人们认识世界的程度，甚至可以认为这种大学课程的知识分类体现了一种人类对世界的“立法”，或者说是关于自然界和社会的一种秩序。然而，这种类型化与基础教育课程中的学科又是不同的，大学课程更加注重和强调的是不同知识或理论的构成方式，进而充分体现了一种学科的系统性。大学课程的这种类型主要分成两种具体形态：一种是根据不同知识体系自身的逻辑形成的课程类型。例如：文学要按照自身的逻辑整理和反映不同时代、不同地区、不同文体的文学作品；物理根据学科的内在规律划分为声光电热等不同子学科；化学呈现为无机、有机、分析与物化，或者是电化学与催化；等等。应该说，这种根据自身逻辑体系形成的大学课程是非常普遍的。另一种是根据现实中的不同领域，特别是不同领域中的现实问题，对相关知识或理论进行整合而构成的一定类型的课程形态。例如，环境学科的课程就是一个十分典型的例子，它往往包含了生物学、化学、社会学等学科的知识与理论。而教育学的许多课程也常常具有这种领域类课程的特点，它往往是哲学、心理学、政治学，甚至是数学等学科知识与理论的合成。应该说，这种类型化是大学课程科学性非常重要的标志之一，因为分类是科学认识中最基本的方法之一，它反映了大学课程追求高深知识的基本定位，体现了大学课程对认识对象更加深入细致的研究，也是大学课程最基本的形式标准。缺乏这种类型化的大学课程，甚至可以认为是不合格的。虽然大学也在强调通识教育，重视课程的综合性，但不可否认的是，这种以专业性为基础的类型化仍然是它最基本的特点。我喜欢将大学课程的这种类型化形象地比喻为一种“探照灯”，它是高度聚焦的，甚至是收敛性的，而且非常专注地投向某一个十分具体的目标与对象，进而将对象完整地呈现出来。而这种聚焦与收敛也是大学课程区别于中小学课程的重要特点之一。一门大学课程必须能够达到这种类型化的要求，进而提供大学生进入科学殿堂的幽静奥秘之处的路径。

其次，大学课程的形态应该是开放性的。所谓“开放性”，这里主要指的是大学课程外部边界的开放性。这种开放性至少包括两个层面的内涵：第一，它的批判性。这种批判性是大学课程非常关键的特点之一。需要指出的是，这种批判性并非简单地对某些知识与理论提出质疑，或者是进行批判与驳斥，它更加本质的要义是在介绍与说明某些知识与理论时，能够进一步地指出这些知识与理论的边界条件与有效范围。它表现在大学课程的内容既要说清楚一定的知识理论，又要跳出这一理论知识，认识这个知识理论得以成立的条件以及它的有效性的边界。应该说明的是，大学课程的这种批判性特点对于大学生掌握学科知识与理论，特别是学会一种理性与科学的认识事物的方法是非常必要的。第二，它的开放性，还表现为所谓的“课无定式”。如果说中小学的基础教育课程，尤其是义务教育的课程具有很强的规范性与同一性，那么，大学课程则在形式方面给予了教师和学生更大的自由。我清楚地记得在厦门大学读书时，讲授逻辑学课程的向刘俊先生的讲课方式真的是别具一格。她讲课的方式主要是念讲稿，而且念讲稿时根本谈不上什么抑扬顿挫、跌宕起伏。你可以想象这种课程在形式上有多么单调。然而，我想告诉大家的是，不仅是我个人，而且是整个班级里大多数的同学都认为，向老师的逻辑课是一门好课，使我们的思维得到了一种非常严谨的训练。我想提的另一个例子是 20 世纪 90 年代后期，在“高等教育面向 21 世纪教学内容和课程体系改革计划”实施中一段关于大学课程的故事。那是在一次改革研讨会上，主持编写《新概念物理教程》的北京大学物理系教授赵凯华先生给我们讲述了他在大学本科期间听数学课的经历。任课教师是一位造诣颇深，且很有教学经验的数学教授，然而，就在这位教授前往教室的路上，他突然想到当天课上要讲的数学定理或许可以用另外一种方式进行证明，于是，在课堂讲授过程中，他抛开平日里已经烂熟于心的讲义，一边讲，一边在黑板上重新按照一种新的思路对数学定理进行证明……当时结果并不尽如人意，证明过程失败了。如果按照某种评价标准看，这似乎是一堂非常糟糕的课，因为它“挂黑板”了。但是，用赵凯华先生的话讲，它却是一堂十分成功的课。因为它让学生们对这一数学定理留下了十分深刻的印象，更重要的是激发了学生们对学术的探索精神，以至于让他们至今难以忘怀。其实，科学又何尝不是这样开放性的呢，又何尝不是如此充满活力的呢？

最后，大学课程的逻辑必须是发现性的。如果说，中小学的基础教育课程更多地具有一种文化传承的功能和特点，那么，大学课程的逻辑则具有更多发现性的特点，即具有一种问题逻辑和创新功能。大学课程的这种问题逻辑是大学课程科学性的重要特点之一，它一方面指的是通过问题引导学生的学习、理解与领会，进而使学生学习与掌握一种科学探究的方法；另一方面则是通过问题让学生洞悉学科的前沿以及各种未知的领域。我在大学上课时，常常有一个习惯，即在课堂教学的内容中增加10%到20%学生不能直接听懂的知识与理论，这部分内容学生需要课后阅读、思考以及与其他知识相互融合才能够理解，我将这个习惯作为我与学生相互沟通与讨论的契机。我发现，这种大学课程对学生的学习、对教师的教育教学，都是非常有挑战性，而且也是十分有效的。然而，大学课程的这种发现性在于它的创新功能。这种创新功能是通过领域性形态的各种课程的内容构成方式来实现的。由于这种领域性形态的大学课程内容是按照某个现实领域或问题对相关知识进行整合，所以，在这种形态的课程内部，不同学科知识常常是融合在一起的，彼此之间的边界常常比较模糊。这种课程内容的综合性与边界的模糊性，正是充分调动与激发学生学习主动性和创造性的“学习生态”。因为这种课程往往能够在教学或课堂里为学生参与提供更大的自主权与思考的空间，它要求学生更多地以一种联系的方式去学习和掌握知识。由于这种形态的课程包含了不同的知识与理论，它允许对同一个问题有不同的答案，以及一种多元化的认识方式和解决问题的方式。正如英国著名教育学家巴兹尔·伯恩斯坦所说的那样，“模糊的分类和构架也有可能鼓励更多的学生变得更加开放，包括拥有更多的想法、更多的情感和更多的价值观念。由此，就会有更多的学生参与控制”①；同样，在教师与管理者之间的权力关系中，学科界限的模糊也使得教师在教学中获得了比较大的自主空间。当然，它也为学术的发展和知识的创新提供了巨大的可能性。

当然，大学课程除了这种科学性之外，还有其他一些特点，包括它的综合性、国际性、艺术性等。同时，关于大学课程的研究，也可以从表意性和工具性以及教师与学生之间互动等角度进行探索与分析。同时，大学课程的这种科学性在不同学科中的表现方式与实现途径也是存在差异的，尤其是人文社会学科与理工科的课程之间，这种科学性的特点有所不同。而且，在上述大学课程的三个特点中，它们各自的侧重点也不同。但我觉得，与中小学的基础教育课程相比，大学课程的这种科学性应该是比较突出和明显的。胡莉芳的研究正是通过对一般课程的论述以及对大学课程形态、特点的分析，非常准确地抓住了大学课程的这些特点，而这也是她关于大学课程研究的一个创新与亮点所在。由于我的阅读只是非常初步的，许多内容仍然有待进一步的消化吸收，这里的介绍与断想都是非常零散，甚至是很浅层的。如果各位同人（包括研究中小学课程的同人）对高等教育研究有兴趣，特别是对大学课程建设、开发与研究有兴趣，我相信胡莉芳的这本著作对大家一定会有帮助。

谢维和

于清华园强斋

2017 年 12 月

① 扬. 知识和控制. 上海：华东师范大学出版社，2002：61.

目 录

第一章　什么是课程

课程作为一个独立的学科始自20世纪20年代博比特的《课程》一书，然而作为教育活动的主要因素，课程伴随教与学而产生已有几千年的历史。孔子兴办私学，注重沿自西周的“六艺”，即礼、乐、射、御、书、数，更注重“六经”之教，即《诗》《书》《礼》《易》《乐》《春秋》。柏拉图在《理想国》中提出青年在20岁到30岁要学习高深的科学理论，主要科目是算术、几何、音乐理论和天文学，加上智者学派所教授的雄辩术、修辞学和文法，形成了古希腊的“七艺”。无论是中国的“六艺”“六经”，还是古希腊的“七艺”，都对后来的教育教学产生了深远的影响。不同时代的教育家、思想家等从不同方面对古典课程进行了阐释，直到工业革命以后，随着人们对知识探索的大进步，以及对教育问题和如何培养人的问题的深入认识，学校课程和教学开始发生巨变，一些古典课程被抛弃了，大量现代课程产生了，课程类型丰富多样，形形色色的课程流派充斥大学校园。21世纪，大学的教学科目、教学内容既传承了传统文化又经历了制度的变迁，不断面临新挑战新问题，包括核心课程问题、跨学科课程问题、多元文化问题、创新教育与创业教育问题、新技术应用问题等。可以说，一方面，传统的课程问题在人才培养过程中依然困扰着学校管理者和教育者，比如，课程究竟在人才培养中具有什么地位、扮演什么角色，如何处理课程教学与科研的关系、如何将其整合在人才培养过程中，等等；另一方面，随着政策、信息技术等环境因素的变化，高等教育课程不断面临新的挑战与机会，课程与教学活动、课程管理、课程发展等问题亟须我们深入理解与重新发现。

第一节　课程与课程观

人才培养是大学声誉的源泉，大学其他职责都派生于此。然而，当今世界的高等教育领域盛行学术资本主义，一切以绩效为标准，科研因为与市场的密切联系而受到宠爱，教学和人才培养被冷落，突出表现为对本科和研究生课程建设的忽视。虽然有些高校先行推动了课程改革，但改革实效还需等待制度环境和政策环境的成熟和完善。课程是教育的核心，“课程更是学院心脏中的战场”①，课程水平决定了人才培养的水平，因此，要转变人才培养模式，提高人才培养质量，培养批判型、创新型人才，必须从课程建设和课程改革起步。

一、课程的内涵

虽然高等教育包括招生、教学、科研、学位、就业、预算编制、统计、评价等多个领域，但课程与教学才是其中的核心要素。

“课程”一词最早见于唐代，孔颖达在《诗经·小雅》中写道：“维护课程，必君子监之，乃依法制。”而“课程”（curriculum）在拉丁文中则是“跑道”的意思，又指“赛跑”；应用到教育中，是指孩子和年轻人都必须完成和经历的一系列事情。广义上，课程包括学习者所获得的所有经验；狭义上，课程主要指学习者在学校获得的有指导的经验②。英国课程理论学者凯利（A. V. Kelly）认为，课程最重要的是其教育性，学校提供的应该是有教育意义的课程，强调课程的道德作用。因此，课程应该是整体的。那种不包容的、过

---

① JB Lon Hefferlin. Dynamics of Academic Reform. San Francisco: Jossey-Bass Publishers, 1969.

② 博比特. 课程. 北京：教育科学出版社，2017：36-38.

于职业化的课程在一定程度上与“教育性”维度是不相符的。

自 20 世纪 90 年代开始，我国教育和课程教学研究者们开始注重课程研究，引进介绍国外课程理论，创办专业学术刊物，并出版了大量课程研究学术著作。各种课程改革和课程试验，尤其是 21 世纪初开始的基础教育课程改革更是为课程理论的发展创造了广阔的空间。吕达认为课程的基本含义是指学校课业内容及其进展，“课”是指课业，即教育内容，“程”是指程度、程序、进程。狭义的课程概念可以是一门学科及其进程。施良方归纳了课程的六种定义，认为课程是教学科目，是有计划的教学活动，是预期的学习结果，是学习经验，是社会文化的再生产，是社会改造。他强调不同的课程定义都是在特定的社会历史背景下为解决特定的课程问题而产生的。钟启泉在《现代课程论》中提出课程是儿童在学校教师的指导下形成的对整个生活活动的总体计划，它是一个多层构造的概念，涵盖国家、学校、教师三个层面，涉及学科领域与课外领域这两个领域，还可以区分不同层次和类型；强调如此复杂的大课程观，其基本问题就是在学校中教学什么、何时教学、如何教学的问题。可见，课程是一个复杂的、多层次、多类型的概念，本质是学习者的训练与经验，其要素包括但不限于教学科目、教学结果和目标、学习经验、计划、活动等。就课程的内涵而言，虽然大学是研究高深学问的场所，但是高等学校的课程与基础教育阶段并无本质差异，只是由于课程教学对象和大学职能的差异，在形式、特征、实践上与中小学课程有所不同。其中，大学课程具有显著区别于中小学课程的科学性与艺术性等特征；在实践中，高等教育课程研究既包括共性的课程开发、课程内容、课程类型、课程实施、课程评价等问题，又有独特的创新人才培养（体现为课程教学与科研的关系问题）、课程治理（如“双一流”建设中的课程问题）、课程创新（如新生研讨课、MOOC）等问题。面对多元化的高等教育课程实践，布鲁贝克在《高等教育哲学》一书中提出，重要的是课程的适切性，一门课程的适切程度，涉及对象、内容、时间等因素，既与学科知识体系、社会问题有关，又与大学的合理性交织在一起。因此，从哲学上看，如何选择课程，是高等教育的认识论与政治论在人才培养、课程教学上的具体体现。

二、课程观的发展

从课程发展史来看，课程经历了一个从以知识、理性为中心的课程观，到以经验为中心的课程观，再到科学主义的课程观以及后现代课程观的发展过程。

首先，是以知识、理性为中心的课程观。这一课程观源自赫尔巴特的传统教育思想，强调学科本位和知识的价值，教师被视为课程教学的中心。赫尔巴特基于经验、思辨、审美、同情、社会、宗教等六种兴趣设置相应的学科，目标是培养善良的人。他根据“统觉”学说，强调教学应该是一个统一完整的过程，并提出形式教学阶段理论，把教学过程分为明了、联想、系统和方法四个阶段。后来，他的学生齐勒尔和赖因将其扩展为五个阶段，即预备、提示、联系、总括和应用。20 世纪 30 年代苏联教育学家凯洛夫将其演变为五个步骤——组织教学、复习旧知识、讲述新知识、巩固新知识、布置作业等。20 世纪 50 年代后，这一教学模式广泛影响了我国中小学课堂教学。19 世纪后半叶，率先提出英语世界中“课程”一词的英国哲学家斯宾塞，主张实用的、功利性的课程，强调同现实生活，即工业化社会密切相关的知识。斯宾塞重视以科学知识为内容的课程，而不是古典人文学科。

其次，是以经验为中心的课程观。以赫尔巴特为代表的传统课程在 20 世纪初的美国受到大力抨击，杜威也曾是“全美赫尔巴特协会”九人执行委员会的委员之一，然而他批评传统课程脱离儿童的经验，认为很多持不同意见的教育派别抓住教育过程的某些因素，如儿童天性或某些成人经验，并将其孤立起来，使之相互对立，如儿童与课程（教材）、个人的天性与社会文化等，从而产生不同类型的理论；然而，这些对立的理论无法得出有逻辑的结论。杜威认为应该抛弃这种把儿童和课程对立起来的观点，提出经验本质的课程观，强调儿童的兴趣和需要，认为教材的价值就在于按照儿童的生活来表现、解释。儿童的发展就是经验的发展，课程或科目作为发展的媒介物要与兴趣发生作用，当然，是要引导儿童的兴趣而不是放任自流；教学过程就是把教材心理化，即将儿童经验化的过程。

再次，是科学主义的课程观。1918 年美国芝加哥大学教授博比特出版《课程》一书后，课程研究开始成为一个专门的学科领域，此后的若干年，美国涌现出一批课程研究者和课程研究著述，包括查特斯的《课程编制》(*Curriculum Construction*)、泰勒的《课程与教学的基本原理》(*Basic Principles of Curriculum and Instruction*)、塔巴的《课程开发：理论与实践》(*Curriculum Development*：*Theory and Practice*）等，他们大多以科学主义为倾向，强调为适应工业发展和社会变革的需要，关注课程编制的技术和方法；他们常常从人类的专门活动、学科的基本结构等角度出发“科学”地发现、开发课程，使课程研究、课程开发具有了科学化、实用化的倾向。

最后，是后现代课程观。威廉·派纳等人在《理解课程》(*Understanding Curriculum*）一书中指出，20 世纪 70 年代中期以后美国课程研究已经从“课程开发”转向“课程理解”，关注课程领域的概念重建，强调运用现象学和解释学的方法研究课程问题，倡导课程理论的多元化和跨学科性；认为传统课程理论受“技术理性”的支配，会使课程开发过程沦为单一的技术操作程序，使得课程工作者变为“课程技师”；提倡课程的个体“概念重建”和社会的“反思性实践”，在课程开发过程中不断反思、批判文化知识并由此创造和建构意义；倡导从不同视域理解课程，包括把课程理解为历史文本、政治文本、种族文本、性别文本、现象学文本、后现代文本、自传（传记文本)、美学文本、神学文本、制度文本、国际文本等，从而建构了不同的课程意义①。

第二节　课程与教学

课程与教学是两个关系密切的概念，人们在从事课程研究、学

① 派纳，雷诺兹，斯莱特里，陶伯曼. 理解课程（上，下). 北京：教育科学出版社，2003；钟启泉. 课程论. 北京：教育科学出版社，2007：6-14.

习研究或教学研究与实践时，经常会困惑于如何在逻辑上恰当地阐释，或如何在行文中恰当地使用这两个概念。

美国课程论学者奥利弗（P. F. Oliva）将课程与教学这两个子系统的关系划分为四种模式，分别是二元独立模式、互相连接模式、同心包含模式和循环联系模式（见图 1－1）。二元独立模式强调二者是两个独立的系统，互相连接模式指两个系统之间存在重叠部分，同心包含模式指教学和课程两个系统是你中有我、我中有你、互相包含的关系，循环联系模式强调二者是两个独立的系统，但存在相互作用的关系①。

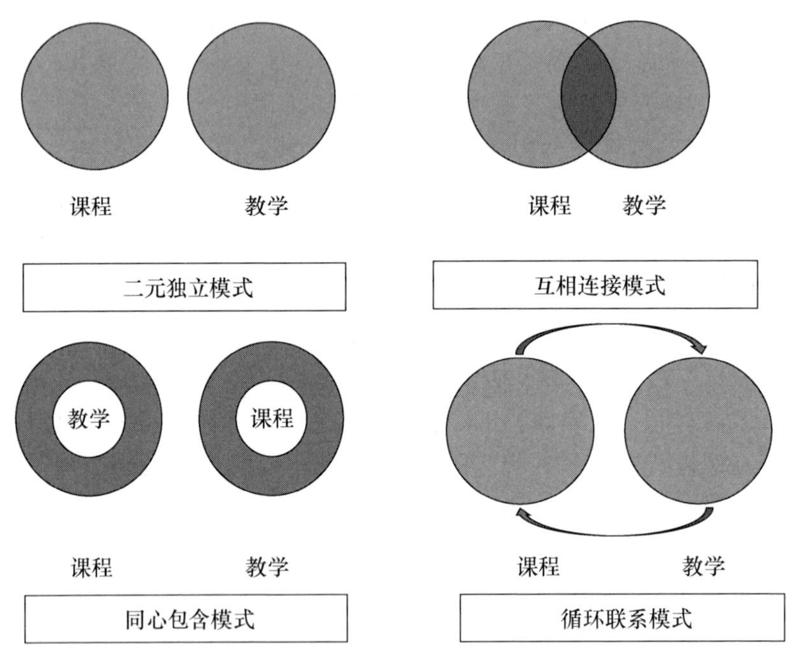

图 1－1　课程与教学的关系

资料来源：黄显华，霍秉坤，徐慧璇. 现代学习与教学论：性质、关系和研究：第 3 卷. 北京：人民教育出版社，2014：963-969.

在理论研究中，人们对于课程论与教学论的关系也有不同看法，

---

① 黄显华，霍秉坤，徐慧璇. 现代学习与教学论：性质、关系和研究：第 3 卷. 北京：人民教育出版社，2014：963-969.

包括：(1) 大课程论，即把教学看作课程的一部分，把教学理论归入课程理论的范围之内。(2) 大教学论，即将课程视为教学内容，把课程理论当作教学理论的一部分。(3) 整合的观点，即认为课程论与教学论两者密不可分，是一个对象或事物的两个方面，不能或无法单独存在，必须对它们进行整体性研究。(4) 并列的观点，是指由于学科知识的分化和实践的复杂化，课程与教学的区分越来越明显，课程论与教学论应是教育学科下属的两个独立分支科学，它们各有特定的研究对象和特点。课程与教学既是一种目的与手段的关系，也是内容与形式的关系，课程是学校的意图，教学是学校的实践，课程是为教育目的而设计的内容，教学是达到教育目的的手段①。(5) 目标分类的观点，即课程与教学是属于不同层次又相互影响的两个范畴，课程目标、课程设计往往要适应更宏观的教育目标和理念，而教学目标，如布卢姆、马扎诺等提出的目标分类理论，往往是认知、情感意志、动作技能等方面的较为具体的目标体系。

对课程与教学关系的不同看法直接影响理论研究和教育实践，而课程和教学在实践中常常让人难区分，以自主学习 (active learning) 问题为例，一方面，学生的自主学习过程与学习时间、学习动机和期望、学生认知能力和情感态度、教学策略、学习策略、教学评价等教与学的因素有关，这属于经典的教学范畴的问题；另一方面，学生的自主学习过程也受到课程内容、课程开发、课程评价、课程管理以及隐性课程等因素的影响，这些因素则属于经典的课程范畴的问题。也就是说，课程、教学都与学习问题相关，课程中的自主学习问题与教学中的自主学习问题是相互交织在一起的，很难做出区分。由此可见，课程与教学是密不可分的，在教与学的活动中常常是一个对象或事物的两个方面，相互交叉的地方必不可少，但却从不同角度、不同层次进行探讨。如果考虑研究和操作上的便利性，香港课程学者黄显华等做的划分就有较好的参考价值，即在制度、地区、学校三个层次，适用“课程”的概念，重在讨论课程

---

① 施良方. 课程理论——课程的基础、原理与问题. 北京：教育科学出版社，1996. 258-263.

的内容及其背后的思想、文化；在教室、个人（教师和学生）两个层次，适用教学的概念，注重教师和学习者。本书更多的是从“大课程”的概念来讨论高等学校的课程问题，教学一般被纳入课程的范畴。但在面对上述不同层次的问题时，可能会用“课程”“教学”两个不同的名词来加以区别。

第二章　我国近现代高等教育课程发展的历史

与课程理论研究一样，课程历史研究也是高等教育课程体系建设的重要基石。自夏商周以来，教育、学校作为一种社会现象已比较完备，《礼记·王制》中提道，“春、秋教以《礼》《乐》，冬、夏教以《诗》《书》”。这一记录表明我国传统高等教育的内容自成体系，至今已延续几千年。只是在清末，面对与西方政治、经济、文化制度的激烈碰撞，传统的学术体系被肢解，高等教育脱胎换骨，在传统与现代的不断互动中逐渐演变为今天的模样。

我国近代高等教育始于 19 世纪清末新式学堂，既有官办的京师大学堂等，又有私立的北洋大学堂等，大学堂建立了较为完善的近代学科和课程体系。然而，仅从课程的视角看，西方课程被引进的历史要更早一些。1862 年设立的京师同文馆，为培养英文、俄文、德文等高级翻译人才，已经具有比较完备的课程设置；自京师同文馆始，清末京师大学堂以及民国时期的北京大学、清华大学及各个专门学校，形成了各具特色的课程体系；1949 年新中国成立以后，国家从课程教学改革入手推动对旧大学的改造，以专业目录管理高校课程建设，坚持理论联系实际的原则，逐步完善高等教育课程体系，使其最终形成一个较为成熟的现代高等教育课程体系。

第一节　古典向近代的转型——清末时期的高等教育课程体系（1862—1911年）

清末，面对维艰的时局，改良派、维新派、革命派等都主张学习外国先进的教育制度和经验，倡导新式教育、举办大学堂成为重要的政治诉求和改革举措。在“中学为体，西学为用”的旗帜下，高等教育课程体系开始向近代化转型。

一、京师同文馆课程——中学为体，西学为用

鸦片战争之后，以奕䜣、曾国藩、李鸿章、张之洞等为代表的官员以“师夷长技以制夷”为目标，发起了洋务运动，以器用层面的学习为主，向西方学习先进的科学技术，开启了中国的近代化进程。兴办新式学堂是洋务运动的一项重要举措。1862年8月20日，恭亲王奕䜣等在《奏请设立同文馆折》中指出，“以外国交涉事件，必先识其性情，请饬广东、上海各督抚等分派通解外国语言文字之人，携带各国书籍来京，选八旗中资质聪慧年在十三四以下者，俾资学习”。清朝设京师同文馆，以适应与各国谈判外交和洋务的需要。

在课程设置方面，京师同文馆课程以学习外国语言和汉语为主，设英、法、俄、德四馆，以认、写、解、译为教学内容，旨在精熟四国语言，同时设数学、天文、化学、地理、各国法律等现代课程。同文馆学制总计十三年，每学年都有不同课程任务，包括前八年和后五年两个阶段。在前八年中，第一、第二学年主要研修外国语言基础，练习文法、翻译词句；第三学年学习各国历史、地理方面的知识以对各国有全面了解，并进行一些翻译训练；第四学年到第八学年，则在掌握该国语言的基础上学习代数、几何、微积分、化学、航海和天文测算、地理金石、富国策等其他实用学科知识。在后五年中，课程还是上述学科，内容是数学、化学、天文、地理等各学科的更深层面的知识。根据1876年公布的课程表，京师同文馆虽以

培养翻译和外交人才为主，但课程设置却是很全面的，实际上是一个综合性的近代学校课程体系的雏形，其主要特点是：（1）京师同文馆在课程设置上体现了“中学为体，西学为用”的课程理念，既设置了大量来自西方的近代课程，又设有中国传统学问，在课程表中规定“初学者每日专以半日用功于汉文”。（2）课程体系较完备，既有外语和汉文经学课程，也有数学、化学等现代科学课程，课程设置较为完备。（3）课程学习分阶段，在课程内容上有深度、难度上的阶梯差异。

以京师同文馆为代表的清末新式学堂成为洋务派的人才储备库。1902 年，京师同文馆并入了京师大学堂。

二、京师大学堂课程——中西会通

京师大学堂是在维新派教育改革思潮的推动影响下产生的。1895 年中日甲午战争失败以后，维新派发起维新运动，开始探索制度的变革，认为改革旧式教育、兴办学校关系到国家的兴亡和变法的成败。同文馆在几十年的发展过程中虽开设了大量西方近代学科课程，培养了各类人才，但其主要还是以培养翻译人才为主，并不能完全满足维新派改革的需要。于是，1896 年 6 月，刑部左侍郎李端棻上奏《请推广学校折》，同年 8 月，孙家鼐上奏《议覆开办京师大学堂折》，陈述了筹议开办京师大学堂的大概情况和缘由；1898 年 7 月，京师大学堂成立，梁启超、康有为代总理各国事务衙门奏拟了《京师大学堂章程》，对大学堂的总纲、课程、学生入学、学成出身、教习、经费等进行了明确的规定。

《京师大学堂章程》中指出功课为学堂的第一要务，因为“功课之完善与否，实学生成就所攸关”，强调中西会通，将课程目标设置为“培植非常之才”；较之京师同文馆，京师大学堂培养之人才不仅仅可以用于翻译外交，而且在各个方面都要有所见长以备启用；大学堂学成毕业相当于进士出身。因此，京师大学堂的课程除语言文字学类之外，设有溥通学、专门学两大类，溥通学相当于基础课，专门学则类似专业课（见表 2-1）。

表 2-1　　　　　　　　　　　京师大学堂课程种类

课程种类	所设课程
溥通学	经学、理学、中外掌故学、诸子学、初级算学、初级格致学、初级政治学、初级地理学、文学、体操学
专门学	高等算学、高等格致学、高等政治学（包括法律学）、高等地理学（包括测绘学）、农学、矿学、工程学、兵学、卫生学（包括医学）
语言文字学	英、法、俄、德、日等五国的语言文字学

资料来源：陈学恂．中国近代教育史教学参考资料．上册．北京：人民教育出版社，1986.

溥通学是全体学生必须学习的课程。共分 10 门课程，全部采用上海编译局的教材，只有 3 年之内全部修完才可以拿到相应文凭。专门学也分 10 门，“溥通学卒业后”，每个学生各选 1 门或 2 门专门学。除此之外，还有 5 种语言文字学，学生可任选一种，与溥通学一并学习。与京师同文馆的课程相比，京师大学堂的课程设置更加注重中学与西学的比重，强调知识的全面性，同时也更加注重本国知识和外国知识的互补和衔接，其主要特点是：(1)“中西并重，观其会通”的课程实践。《京师大学堂章程》明确指出“近年各省设学堂，虽名为中西兼习，实则有西而无中，且有西文而无西学”，“夫中学，体也，西学，用也。二者相需，缺一不可，体用不备，安能成才”。因此，学堂所设课程的原则是“中西兼习”，不能偏废，“以西文为学堂之一门，不以西文为学堂之全体。以西文为西学发凡，不以西文为西学究竟”①。(2) 重视教材编订。上海设编译局吸纳中西通才为大学堂编订中西教材，中学教材要求“荟萃经子史之精要，及与时务相

---

① 北京大学校史研究室．北京大学史料：第 1 卷（1898—1911）．北京：北京大学出版社，1993.

关者编成之”，西学教材则“译西人学堂所用之书，加以润色”①；教材成为定本以后，颁行各省学堂以开民智。（3）重视教师的选聘。京师同文馆与北洋大学堂等多以西方人为总教习，京师大学堂的课程则中西并重，因此必选学贯中西者为总教习。（4）表率作用。京师大学堂位于北京这一首善之区，课程理念、课程设置、教材等一切章程功课都是各省学堂的表率，“务使脉络贯注，纲举目张”②。

三、分科大学堂课程——分科课程③

1900年之后，为了挽救时局，清末统治者不得不实行新政，向西方学习，并进行多方面的改革。作为新政之一，清政府于1904年1月13日颁布施行《奏定学堂章程》，即《癸卯学制》，包括各类章程22件，其中，《大学堂章程》（附《通儒院章程》）是高等教育阶段的章程之一，该章程指出在大学堂内设通儒院（相当于现在的研究生院）以及8个分科大学堂，教授各科理法，京师大学堂必须8科齐备，各省大学堂则至少设3科。

分科大学堂的8个学科统系（见表2-2）分别下设具体学门（科目），除政法科和医科是四年制，其他均为三年制，且在每学年中，每学门都规定了主课、相应的教学大纲以及教学内容和教材等，如经学科大学下的“周易”学门，总计11门主课，包括周易学研究法、尔雅学、说文学、钦定四库全书提要经部易类、御批历代通鉴辑览、中国古今历代法制考、中外教育史、外国科学史、中外地理学、世界史、外国语文等，其中，周易学研究法是主课中的基础课程，和外国语文同为课时最多的课程，每周为6个学时；可见，这是一个中西融合的课程体系。

综观《奏定学堂章程》中分科大学堂的课程设置，从学科对比来

---

①② 北京大学校史研究室．北京大学史料：第1卷（1898—1911）．北京：北京大学出版社，1993.

③ 北京高等教育文献资料选编（1861—1948）．北京：首都师范大学出版社，2004：136-166.

表 2-2 分科大学堂学科统系表

大学堂															
经学科大学		政法科大学		文学科大学		医科大学		格致科大学		农科大学		工科大学		商科大学	
学门	学时	学门	学时	学门	学时	学门	学时	学门	学时	学门	学时	学门	学时	学门	学时
周易	72	政治	96	中国史	72	医学	95	算学	45	农学	59	土木工	100	银行及保险	72
尚书	18	法律	96	万国史	72	药学	72	星学	31	农艺化学	41	机器工	71	贸易及贩运	72
春秋左传	18			中外地理	72			物理学	57	林学	53	造船	103	关税	72
毛诗	18			中国文	72			化学	31	兽医学	76	造兵器	100		
春秋三传	18			英国文	72			动植物学	92			电气工	74		
周礼	18			法国文	27			地质学	34			建筑	100		
仪礼	18			德国文	27							应用化学	99		
礼记	18			俄国文	27							火药	81		
论语	18			日本国文	27							采矿及冶金	94		
孟子	18														
理学门	3														
总计	237		192		468		167		290		229		822		216

看，最大的特色在于突出经学的地位，将其与文学科分离，且位列众学科之首。经学科大学囊括中华文化经典，以儒学传统为脉络，设置了周易学、尚书学、毛诗学、春秋左传学等 11 个门类，强化了经学引领各科学术的至尊地位。由此可见，对于主政者而言，经学仍是立国之本，因此，尽力维护经学的传统地位，成为贯穿整个课程体系的主线，其整个学时共 237 个。文学科大学含中外文史门类，最突出的特点是中外交融，所以其课程课时数量较多，3 年总计 468 个学时。课程设置中，工科大学也是一个重点，不仅门类多，而且课时数量最多，为 822 个学时，其中涉及土木、机器、造船、造兵器、电气、建筑、火药、采矿及冶金等门类，它们皆为来自日本或西方的近代学科课程，反映当时的育才理念已经开始从文科向工科倾斜，体现了主政者“经世致用”的教育思想。

除分科大学堂之外，京师大学堂还内设通儒院，通儒院相当于现在的研究生院；分科大学毕业生经教员会议呈总监核定，非分科大学毕业生经教员会议选定呈总监考验合格，才可进入通儒院研究学术。第一，通儒院为研究各科精深意蕴、以备著书制器之所，“以中国学术日有进步，能发明新理以著成书，能制造新器以利名用为成效”；第二，就修学年限而言，规定以五年为限；第三，就培养方式而言，通儒院学员归分科大学堂学科教员指导，无指定门类与课程，规定“不上堂，不计时刻”，“但在斋舍研究，随时请业请益，无讲堂功课”，类似于现代大学以自主学习为主的研究生培养方式；第四，就日常管理而言，规定每年年终由本科教员会议审查研究情形和成绩，如成绩不合格或品行不端则勒令退学；第五，就毕业而言，规定“能发明新理，著有成书，能制造新器，足资利用”，由分科大学监督交教员会议“审查合格者”，方能毕业。

《奏定学堂章程》是第一个真正付诸实施的近代学制体系，也是我国近代学校课程体系的奠基石①；分科大学堂吸收日本学制中的

① 吕达. 中国近代课程史论. 北京：人民教育出版社，1994：7.

有益部分，采取分科课程的形式，大量增加西方自然科学和社会政治方面的课程内容，对我国近代大学课程体系的诸多方面产生了深远的影响。其课程设置具有以下主要特点：(1) 培养通才的课程理念。《奏定学堂章程》第一章第一节就明确规定大学堂的宗旨是造就通才，因此，课程设置兼顾传统学问与近代科目、中学与西学、理论与应用。(2) 在课程设置上主张中西融合与全面向西方学习。1898 年京师大学堂的课程虽也强调中西会通，但到 1904 年的分科大学堂，课程才真正分科并更加体系化，体现为：首先，文史、政法类课程设置主张中西融合，如周易虽属于传统中国学问，但在主课中却包括中外教育史、外国科学史、中外地理学、世界史、外国语文等 5 门与外国相关的补助课，选修课程有中国文学、西国史、西国法制史、心理学、辨学（伦理学)、公益学(社会学）等，其中包含大量西方近代学科课程。其次，格致科、农科与工科大学课程体系基本上来自西方近代学科内容。(3) 在教学内容上对传统中国学问的学习仍占相当比重，尤其重视经学和理学的学习，如“理学研究法”的教学强调“理学源流”“以群经证理学”“以诸子证理学”“理学盛衰”“周程张朱五子各不相同之处”“理学与经学之关系”“以外国学术证理学”等详细内容。(4) 在教学方法上“通用结合”。《奏定学堂章程》对传统中国文化的学习要求是通经与实用相结合，如经学的研究法是“通经所以致用，故经学贵乎有用；……求经学之有用，贵乎通”，“研究经学者，务宜将经义推之于实用，此乃群经总义”。(5) 出现了课程结构的雏形——主课与随意科目、基础课与补助课。分科大学堂中的课程设置区分了主课与随意科目，这是民国时期大学必修课与选修课的雏形，其中，主课中含补助课，而每一个分科大学堂的不同学门之间，补助课和随意科目是相同的。

四、清末时期高等教育课程发展的特点

清末，为维持岌岌可危的时局，主政者已经从被迫向西方学习转变为主动且有目的、有系统地学习，从器用层面的学习转向制

度层面的学习。朝廷以求才为新政的首要任务，而改革学制、兴办新学堂则是其主要举措，从京师同文馆和京师大学堂的设立，到《奏定学堂章程》的施行，这一时期高等教育课程体系的特点是：

（1）兴学校以振国运。如张百熙在《进呈学堂章程折》（1902年）中所言，“为富强致治之规，朝廷以更新之故而求之人才，以求才之故而本之学校”，这一时期，“兴学校以振国运”成为课程设置、人才培养的目标。

（2）学西方以兴学校，中体西用。从《奏定学堂章程》开始，结合中国国情，学西方以兴学校，借鉴西方和日本的有益经验，引进了大量近代学科课程。其中学制主要模仿日本，而在课程设置和教学进程方面，学堂虽有官学大臣，但总教习综司学堂功课，美国传教士丁韪良（W. A. P. Martin）1869—1894年任同文馆教员、总教习，1898—1900年任京师大学堂西文总教习等职。

（3）兴学育才，务求实际。设立学堂是为“广育人才，讲求时务”，在课程设置上表现为工科等实业科目课时数量大，对传统学问如经学、理学、史学课程的学习要求通经、经世致用等。

（4）以国粹为本。尤重经学、理学和史学，仍然强调诸经、诸子学说和史学典籍，坚持中华传统文化在课程体系中的主体地位。

相较于京师同文馆、京师大学堂的课程，《癸卯学制》中分科大学的课程体系更完备，内容更详整，涉及学科领域更广，包含了文理工商医等不同行业，且每学科下设门类课程具体翔实，可操作性较强，高等教育课程基本完成了由古典向近代的转变，为中国近代高等教育课程体系的形成奠定了基础。

第二节　近代高等教育课程体系的构建——民国时期的高等教育课程（1912—1949年）

民国政府于1912—1913年陆续制订发布了《壬子学制》，此学制规定本科高等教育阶段主要包括大学、高等师范学校和专门学校等三种学校类型。在新文化运动的推动下，又于1922年公布了新学制——《壬戌学制》，这一学制对以美国为主的教育思想和教育制度进行了理性借鉴和自主选择，改革对这一时期的高等教育课程的发展产生了直接影响。

一、大学的课程

1912年以后，民国政府即从课程内容、形式等方面着手对高等教育进行改造，颁布了一系列相应的法律法规，高等教育阶段的主要法规包括《大学令》（1912年10月）、《大学规程》（1913年1月）和《私立大学规程》（1913年1月）等[①]，其中，以《大学规程》对大学课程的设置着墨最多。

（1）回归本体的教育宗旨。蔡元培1912年2月发表《对于教育方针之意见》一文。作为民国政府改革教育的理论依据，文章明确提出民国教育方针与君主时代教育方针的不同之处——从受教育者本体着想[②]。因此，在他主持下制定的《大学令》开宗明义地以“教授高深学问，养成硕学闳材，应国家需要”为宗旨，这也成为当时大学教育课程发展的目标。

（2）废经科，破除国民自大之旧习。1912年7月10日，蔡元培在“全国临时教育会议”开幕式上发言，指出“我中国人向有一弊，即是‘自大’；……自大者，保守心太重，以为……外国之法制，皆不足取”，因此，为破除国民自大之旧习，《大学令》取消经学科，把经学科之课程内容分别纳入哲学、历史学、文学三门之中，《易》《论语》《孟子》的教学进入哲学系，《诗》《尔雅》的教学列为文学系的内容，《尚书》《大戴记》《春秋》等归为史学系的教学任务[③]。经学科的废除，成为民国高等教育从深层次尝试重构国民文化思想基础的一个重要举措。

---

① 北京高等教育文献资料选编（1861—1948）. 北京：首都师范大学出版社，2004.

② 陈学恂. 中国近代教育文选. 北京：人民教育出版社，2001：324-331.

③ 周谷平，张雁. 中国近代大学理念的转型——从《大学堂章程》到《大学令》. 高等教育研究，2007（10）.

(3) 文、理为重。大学由清末《癸卯学制》的8科改为文科、理科、法科、商科、医科、农科、工科等7科，其中，文、理两科尤其受重视。蔡元培1907年赴德国留学，1911年底回国后即任临时政府的教育总长，受德国教育思想影响，他推崇学术至上，认为大学之根本在于纯粹学理的研究："文、理，学也。虽亦有间接之应用，而治此者以研究真理为目的，终身以之。……法、商、医、工，术也。直接应用，治此者虽亦可有永久研究之兴趣，而及一程度，不可不服务于社会；转以服务时之经验，促其术之进步。"① 《大学令》重视文、理两科，规定文、理两科并设者可为大学；设法、商等科则必设文科，否则不得为大学；设医、农、工等科则必设理科，否则亦不得为大学。1913年1月颁布的《大学规程》规定文科总计163个课目，理科总计162个课目（见表2-3）。这一时期还尝试把法、商等应用学科并入文科之中不单设，医、农、工等应用学科也并入理科之中不单设，以此来捍卫大学纯粹学理的研究，但并未得到实施。

表2-3　　大学学科及课目

学科	学门	课目
文科	哲学、文学、历史学、地理学	163
理科	数学、星学、理论物理学、实验物理学、化学、动物学、植物学、地质学、矿物学	162
法科	法律学、政治学、经济学	72
商科	银行学、保险学、外国贸易学、领事学、税关仓库学、交通学	176
医科	医学、药学	103
农科	农学、农艺化学、林学、兽医学	147
工科	土木工学、机械工学、船用机关学、造船学、造兵学、电气工学、建筑学、应用化学、火药学、采矿学、冶金学	282

资料来源：于述胜. 中国教育制度通史：第7卷. 济南：山东教育出版社，2000：24.

① 高平叔. 蔡元培教育文选. 北京：人民教育出版社，1980.

二、高等师范学校与专门学校的课程

（一）高等师范学校的课程

“师范乃教育之母”，自清末设学制以来，师范教育一直作为单列高等教育子系统而受到重视，形成了独立的师范教育体系。民国以后，本科水平的高等师范学校由清末优级师范学堂改造而来，1922年《壬戌学制》实施以后改称师范大学，在各省城设一所，其课程设置整齐划一，课程体系有其独到之处。

《高等师范学校规程》（1913年2月）将高等师范学校分为预科、本科和研究科，并在师范学校及中学某科教员缺乏时设专修科。预科设置伦理学、国文等8科课程。本科又分国文、英语、历史地理、数学物理、物理化学、博物6部，各部在伦理学、心理学、教育学、英语、体操等5门通习课程的基础上，设置专习课程。研究科无固定课目，就本科各部择二、三课目研究之，专修科课程则是由各校长订定。从表2-4中我们可以看出课程设置的一些特点：首先，课程设置中的传统因素较多。无论是在预科阶段还是在本科阶段，传统伦理、国文的学习必不可少，还注重教师道德品质与人格方面的养成。其次，开始注重师范性。按照中学课程区分国文、历史地理、数学物理、物理化学等专业和课目，把教育学、心理学设为各部的共同基础课，这是高等师范学校课程师范性的体现，当然，师范专业训练没有教材教法，教育实习的分量不大，故师范性不够突出①。最后，重视应用课程。这一阶段的师范教育课程设置模仿日本师范教育，从各部课目来看，图画、手工、农学等的开设都是注重课程实用性、注重与生活之紧密联系的反映。

表2-4　高等师范学校预科、本科、研究科课程设置

层次	学部	专习课目	通习课目	修业年限
预科		伦理学、国文、英语、数学、论理学、图画、乐歌、体操		一年

① 于述胜．中国教育制度通史：第7卷．济南：山东教育出版社，2000：27．

续前表

层次	学部	专习课目	通习课目	修业年限
本科	国文部	国文及国文学、历史、哲学、美学、语言学	伦理学、心理学、教育学、英语、体操，各部可加设世界语、德语、乐歌等	三年
	英语部	英语及英文学、国学及国文学、历史、哲学、美学、语言学（可加设法语）		
	历史地理部	历史、地理、法制、经济、国文、考古学、人类学		
	数学物理部	数学、物理学、化学、天文学、气象学、图画、手工		
	物理化学部	物理学、化学、数学、天文学、气象学、图画、手工		
	博物部	植物学、动物学、生理及卫生学、矿物及地质学、农学、化学、图画		
研究科		无固定课目，就本科各部择两个或三个课目进行研究		一年或两年

资料来源：舒新城. 中国近代教育史资料. 中册. 北京：人民教育出版社，1961：726-749.

（二）专门学校的课程

专门学校由清末高等学堂改造而来，1912 年 10 月，民国政府公布《专门学校令》，11 月又颁布《公立、私立专门学校规程》，专门学校“以教授高等学术、养成专门人才”为宗旨，主要培养高级应用型人才，包括法政专门学校、医学学校、药学专门学校、农业专门学校、工业专门学校、商业专门学校、美术专门学校、音乐专门学校、商船专门学校以及外国语专门学校等十种类型。由于设立主体不同，专门学校可以分为国立、公立、私立三类。除医学和商船专门学校之外本科修业年限皆为三年，可设研究科一年。1912 年 10 月底开始，部分类型专门学校的规程陆续颁布，学科和课程等规定主要出现在各专门学校规程中。

1912 年 11 月，《法政专门学校规程》出台，《工业专门学校规程》也紧随其后出台。以下专门讨论学校的课程设置基本情况（见表 2-5、表 2-6）。首先，是基础课程与专业课程相结合。专门学校既有各科的理论基础课，也有偏应用型的专业课程，如法政专门学校的基础课是宪法、行政法，工业专门学校每科都设数学、物理等基础课程，之后开设各专业课程。其次，是外国语课的地位突出。专门学校作为培养高级专门人才的场所，其学科专业和课程设置、知识体系主要来自西方，因此，外国语课是所有专门学校每个专业的必修课。最后，是注重实习课程。为培养高级专门人才，专门学校重视实习课程的安排，如工业专门学校每科都含计划及制图、实习等课程。

表 2-5　　　　法政专门学校课程设置基本情况

层次	具体课目设置					年限
预科	法学通论、经济原论、心理学、伦理学、论理学、国文、外国语（英、德、法、日语选一种）					一年
本科	三科部	一、法律科	二、政治科	三、经济科	政治经济科（若政治、经济两科不分设）	三年
	必修科目	宪法、行政法、罗马法、刑法、民法、商法、破产法、刑事诉讼法、国际法、外国语	宪法、行政法、政治学、国家学、国法学、政治史、政治地理、国际公法、外交史、刑法总论、民法总论、商法概论、货币银行论、财政学、统计学、社会学、外国语	宪法、行政法、经济史、货币论、银行论、财政法、财政史、农业政策、工业政策、商业政策、交通政策、殖民政策、统计学、保险学、簿记学、民法概论、商法、外国语	宪法、行政法、政治学、刑法总论、国际公法、民法概论、商法概论、货币银行论、农业政策、工业政策、财政学、统计学、簿记学、外国语	
	选修科目	刑事政策、法制史、比较法制史、财政学、法理学	农业政策、工业政策、商业政策、交通政策、殖民政策、政党史	商业史、商业地理、国际公法、刑法总论、政治学、交易市场论、仓库及税关论	国学法、政治史、外交史、经济史、商业史、保险学	
研究科	本科毕业之后					一年以上

资料来源：北京高等教育文献资料选编（1861—1948）．北京：首都师范大学出版社，2004：306.

表 2-6　　　　工业专门学校课程设置表

科目	课程设置
土木科	数学、物理、外国语、应用力学、水力学、机械工学大意、测量学、建筑材料学、地质学、铁道学、道路学、石工学、桥梁学、河海工学、铁筋混合土构造法、卫生工学、房屋构造学、施工法、电气工学大意、工业经济、工厂管理法、工业簿记、计划及制图、测量实习、实习
机械科	数学、物理、外国语、应用力学、水力学、应用化学大意、机械制造法、机械学、发动机关、机关车学、船用机关学、冶铁学、制造用机械、电气工学大意、工业经济、工厂管理法、工厂建筑法、工业簿记、计划及制图、实习
造船科	数学、物理、外国语、应用力学、水力学、机械制造法、发动机关、造船学、造船施工法、船用机关学、冶铁学、船坞海港建筑法、电气工学大意、工业经济、工厂管理法、工厂建筑法、工业簿记、计划及制图、实习
电气机械科	数学、物理、外国语、应用力学、水力学、应用化学大意、机械制造法、机械学、发动机关、电气及磁气学、电报及电话学、电灯电车及电力传送法、发电机电动机及变压器、工业经济、工厂管理法、工厂建筑法、工业簿记、计划及制图、电气及磁气实验、实习
建筑科	数学、物理、外国语、应用力学、水力学、机械工学大意、测量学及实习、建筑材料学、地质学、建筑史、建筑学、铁筋混合土构造法、石工学、中国建筑史、施工法、装饰法、图画法、电气工学大意、工业经济、工厂管理法、工业簿记、计划及制图、实习
机织科	数学、物理、化学、外国语、应用力学、应用化学大意、机械工学大意、机织及意匠、织物整理、漂染法、纺绩法、机织用机械、绘画法、电气工学大意、工业经济、工厂管理法、工厂建筑法、工业簿记、计划及制图、实习
应用化学科	数学、物理、化学、外国语、矿物学、冶金学、机械工学大意、物理化学、应用化学、化学制造用机械、燃料及筑炉法、电气化学、电气工学大意、工业经济、工厂管理法、工厂建筑法、工业簿记、化学分析及实验、工业分析及实验、计划及制图、实习
采矿冶金科	数学、物理、化学、外国语、机械工学大意、矿物学、地质学、测量及矿山测量、采矿学、选矿学、冶金学、冶铁学、试金术、矿山机械学、电气工程大意、工业经济、工厂管理法、工厂建筑法、工业簿记、化学分析及实验、吹管分析及实验、计划及制图、实习

续前表

科目	课程设置
电气化学科	数学、物理、化学、外国语、矿物学、冶金学、机械工学大意、物理化学、电气及磁气学、电气化学、电气工学、应用化学、燃料及筑炉法、工业经济、工厂管理法、工厂建筑法、工业簿记、化学分析及实验、计划及制图、实习
染色科	数学、物理、化学、外国语、机械工学大意、应用化学、色素化学、染色学、染色制造法、织物原物及组织、燃料及筑炉法、绘画法、电气工学大意、工业经济、工厂管理法、工厂建筑法、工业簿记、化学分析及实验、工业分析及实验、计划及制图、实习
窑业科	数学、物理、化学、外国语、机械工学大意、地质及矿物学、冶金学、陶瓷品制造法、赛门德制造法、窑业用机械、筑窑计划、燃料及筑炉法、图画及图案、电气工学大意、工业经济、工厂管理法、工厂建筑法、工业簿记、化学分析及实验、工业分析及实验、计划及制图、实习
酿造科	数学、物理、化学、外国语、机械工学大意、应用化学、应用农艺学、特别有机化学、酿造学、酿造用机械、细菌学、显微镜使用法、燃料及筑炉法、电气工学大意、工业经济、工厂管理法、工厂建筑法、工业簿记、化学分析及实验、工业分析及实验、实习
图案科	数学、物理、化学、外国语、博物学、配景法、美术学、美术工艺史、制版化学、美术解剖学、摄影学、图案法、图画法、雕塑法、建筑装饰法、工业经济、工厂管理法、工厂建筑法、工业簿记、实习

资料来源：北京高等教育文献资料选编（1861—1948）. 北京：首都师范大学出版社，2004：307-308.

三、北京大学文、理科课程改订

民国时期，北京大学沿袭清末京师大学堂的旧习，学生皆抱着做官发财的思想而来，“对于教员，则不问其学问之深浅，惟问其官阶之大小”①，蔡元培在 1917 年 1 月 18 日给吴稚晖的信中提到当时北京大学“学课凌杂”“风纪败坏”，学科结构也不合理。1917 年 1

① 陈学恂. 中国近代教育文选. 北京：人民教育出版社，2001：335.

月，蔡元培任北京大学校长，开始对北大进行整顿和改革，包括整顿教师队伍，改革管理体制，改革学制、学风、校风建设等方面，其中，学制改革与文、理科课程的改订关系最为密切。

（一）学制变更与课程改订

蔡元培认为德国大学体制最完善，理工科、商科、农科等既然有高等专门学校，就不必再在大学中专设一科，大学应专注学理研究。因此，北京大学在调整学科、改革课程方面，扩充文、理两科，停办工科并将其并入北洋大学（中国近代第一所大学，为今天天津大学的前身），停办商科并将其改为商业学并隶属于法科。此外，蔡元培主张文、理渗透，理科学生需要有文科基础知识，文科学生需要有理科基础知识。他说："乃文科学生，因与理科隔绝之故，遂视自然科学为无用，遂不免流于空疏；乃理科学生，因与文科隔绝之故，遂视哲学为无用而陷于机械的世界观。"① "文理是不能分科的，例如文科的哲学，必植基于自然科学；而理科学者最后的假定，亦往往牵涉哲学。"② 同年，教育部把大学预科改为两年，本科改为四年，北京大学因学制变更而开始改订课程。改革既是新文化运动的结果，也使得北大成为新文化运动的中心。由于北大的地位，蔡元培主持下的文、理科课程改订直接影响了我国近代高等教育课程体系的形成和发展。

（二）改订理科课程案报告与改订文科课程会议议决案

1917 年 11 月和 12 月，北京大学陆续发布了改订之后的理科课程案报告和文科课程会议议决案。理科第一次会议明确了预科课程、选修课程、本科课程等事项：（1）选修课程。预科两年和本科第一、第二年学年不设选修课，本科第三、第四学年必修课和选修课根据具体科目自行选择；（2）预科课程分为国文、英文、算学、物理、化学、博物一共 6 门课程，每学年总计 30 学时；（3）在本科课程方面，4 年合计至少达到 70 学时，必修课至少 50 学时，德文或法文在前 3 个学年各占 2 学时，学术史第四学年 1 学时。第二次会议则明

---

① 蔡元培先生言行录．上海：上海广益书局，1931：92.

② 陈学恂．中国近代教育史教学参考资料．中册．北京：人民教育出版社，1987：383.

确了理科课程草案，主要内容包括：（1）预科课程。英文和算学被放到了重要位置，每学年课时比重是其他课程的3倍。（2）本科阶段。理科主要有六大门类，分别是算学门、天文学门、物理学门、化学门、生物学门以及地质学门。每学门按学年制设置课程，4年共计50～80学时（见表2-7）。（3）课程结构。根据课程安排，本科前两年主要学习基础课程，课时所占比重大，不设选修课；第三学年和第四学年开始设置一定数量的选修课，不计入课时之内，课程量有所减少，尤其是第四学年仅占本科期间全部课时的5%左右，甚至地质学门在第四学年没有课程安排。文科设置了哲学、史学、中国文学、英国文学等四大学门的本科课程（见表2-8）。

（三）文、理科课程改订的特点

从1917年启动文、理科课程改订到1919年，北京大学对学制、课程等进行了陆陆续续的改进，形成了以下特点：首先，文、理科规模扩大，课程质量提高了。其次，注重预科课程与本科课程的衔接。停办清末所设的高等学堂以后，为因应学生程度不齐的情况，大学自设预科，但“预科不直隶各科，含有半独立性质，一切课程，并不与本科衔接，而与本科竞胜”①，改制以后，预科分别隶属于各科，主要的课程均由本科教师教授，使之与本科课程衔接起来②。再次，本科课程设置实行学年制。清末大学堂本科三年，课程设置也没有清晰的学年安排；北京大学1917年学制改革以后，理科按照学年进行本科四年的课程安排，33%～40%的课程安排在第一学年，第二学年的课程占32%～35%，第三学年是24%～30%，第四学年的课程平均只有4%左右。最后，形成基础课程加专业课程的课程体系。从1917年到1922年《壬戌学制》公布，除借鉴德国大学的经验之外，我国学制改革受美国教育思想影响较大，美国大学实行通识教育的本科培养模式，头两年是基础课程，后两年进入专业课程；

---

① 陈学恂. 中国近代教育文选. 北京：人民教育出版社，2011：348.

② 陈学恂. 中国近代教育史教学参考资料. 中册. 北京：人民教育出版社，1987：379-387.

表 2-7　北京大学改订理科课程安排

预科												
	第一学年						第二学年					
科目	国文	英文	算学	物理	化学	博物	国文	英文	算学	物理	化学	博物
课时	3	9	9	3	3	3	3	9	9	3	3	3
合计	30						30					

本科 一、算学门																								
	第一学年							第二学年							第三学年							第四学年		
课程	立体解析几何	微积分	物理甲	物理实验	化学	化学实验	外国语	高等微积及函数论	微积方程及调和函数等	近世代数甲	近世几何甲	力学	物理乙	外国语	函数论	近世代数乙	近世几何乙	理论物理	天文学	外国语	选择科：群论、数论、微分方程论、线几何学等	数学史	函数各论	选择科：随时酌定
课时	3	4	3	4	3	3	2	4	4	3	3	3	3	2	4	2	2	4	4	2		1	4	
合计	22（33%）							22（33%）																

续前表

二、天文学门																								
	第一学年								第二学年								第三学年					第四学年		
课程	立体解析几何及球面三角	微积分	天文学	物理甲	物理实验	化学	化学实验	外国语	高等微积及函数论	微积方程及调和函数等	最小平方法及概率论	球面及实用天文学	观测实习甲	力学	物理乙	外国语	球面及实用天文学乙	观测实习乙	天体力学	外国语	选择科：星学、宇宙原始论、气象学、量地学、天体物理学等	天文学史	绝对测定法	选择科：随时酌定
课时	2	4	3	3	6	3	6	2	4	4	1	3	6	3	3	2	3	12	4	2		1		
合计	29（38%）								26（34%）															

三、物理学门																						
	第一学年							第二学年						第三学年					第四学年			
课程	立体解析几何	微积分	物理甲	物理实验	化学	化学实验	外国语	微积方程及调和函数等	物理乙	理论物理甲	物理实验	力学	外国语	理论物理乙	物理实验	物理化学	外国语	选择科：气体导电及放射物体、声学、物理量法论等	物理学	理论物理丙	物理实验	选择科：随时酌定
课时	3	4	3	6	3	6	2	4	3	4	9	3	2	4	9	3	2		1	4		

续前表

合计	27（36%）						25（33%）															
四、化学门																						
	第一学年						第二学年							第三学年						第四学年		
课程	微积分	物理甲	物理实验	化学实验	分析化学原理	外国语	物理乙	高等无机化学	有机化学	物理化学	应用化学甲	化学实验	外国语	高等有机化学	高等物理化学	应用化学乙	化学实验	外国语	选择科：电化学、冶金化学、卫生化学、生物学等	化学史	化学实验	选择科：随时酌定
课时	4	3	6	9	2	2	3	2	3	3	3	12	2	2	2	3	15	2		1		
合计	26（33%）						28（35%）															

五、生物学门																		
	第一学年									第二学年								
课程	物理	物理实验	化学	化学实验	生物学甲	生物学实验	地文学	徒手画	外国语	有机化学	化学实验	生物学乙	生物学实验	动物学	动物学实验	植物学	植物学实验	外国语
课时	3	4	3	6	3	4	1	3	2	3	3	3	4	2	2	2	2	2
合计	29（40%）									23（32%）								

续前表

	第三学年											第四学年		
课程	动物生理学	动物生理学实验	植物生理学	植物生理学实验	微生物学	微生物学实验	地质学	生物化学	生物物理学	外国语	选择科：解剖学、胎学、古生物学、人类学等	生物学史	人体生理学	选择科：随时酌定
课时	1	2	1	2	1	2	2	2	2	2		1	1	

六、地质学门

	第一学年										第二学年										第三学年			
课程	物理	物理实验	化学	化学实验	分析化学原理	植物学	动物学	地文学	徒手画	外国语	古生物学	矿物学岩石学	矿物学岩石学实验	地质学甲	测量学	外国语	地质学	矿床学	地质旅行	外国语	地质学史	中国地质	地质旅行	选择科：随时酌定
课时	3	4	3	9	2	2	2	1	3	2	3	4	6	3	2	2	3	2		2	1	1		
合计	31（52%）										27（45%）													

资料来源：北京高等教育文献资料选编（1861—1948）. 北京：首都师范大学出版社，2004：397-399.

表 2-8　　北京大学改订文科课程安排

必修科目	哲学门					
	哲学概论	中国哲学史大纲	西洋哲学史大纲	心理学	论理学	伦理学
课时	3	3	3	3	3	3
总计	18					

必修科目	史学门										
	中国古代史	中国中古史	中国近代史	清代史	西洋古代/中古史	西洋近代史	东洋通史	日本史	中国之历史的地理	历史研究法	史学之附属科学
课时	2	2	2	2	2	3	1	1	2	2	3
总计	18/19*										

必修科目	中国文学门								
	文学概论	文字学一字音	文字学二字形	文字学三字义	文史学要略	上古至秦之要略	汉魏六朝文学	唐宋文学	元明清文学
课时	2	3	1	2	3	2	3	2	3
总计	21								

必修科目	英国文学门				
	英文学梗概（一）	英文学梗概（二）	英文学梗概（三）	修词学	英国文学史大纲
课时	6	6	6	3	2
总计	23				

注：西洋古代/中古史和西洋近代史择一为必修课，东洋通史和日本史择一为必修课。

资料来源：北京高等教育文献资料选编（1861—1948）. 北京：首都师范大学出版社，2004：399-401.

北大课程改订理性借鉴国外大学经验并加以改造，形成本科头两年开设学科基础课程、后两年开设专业课程的课程体系。

四、培养“通才”的课程实践与实科为重的教育政策

课程设置、课程体系背后反映的是教育理念和人才培养模式的差异。20 世纪 20—30 年代，高等教育界曾经产生培养通才还是专才之争，而政府的教育政策却是以实科为重。1931 年，民国政府颁布《确定教育实施趋向案》，明确规定“大学教育以注重自然科学及实用科学为原则”，并且当时的民国政府教育部采纳一个改革教育的方案，主张淘汰办理不善的文法等科，以节省经费，作为充实自然科学及实用科学之用。这种偏重实用学科、轻视文法学科的政策，在教育界引起了很大的非议，很多大学校长根据本校的办学情况，既重视实科，也重视文法科的发展，以培养通才和专才为培养目标。他们提出了通识教育理念，并且把这一理念应用到课程实践过程中，其中，以梅贻琦在清华大学、郭秉文在东南大学的工作最为突出。

梅贻琦在清华大学一直坚持“通识为本，专识为末”的办学思想，认为大学应该培养通才，而在工业生产或工作生活中需要的很多知识要在实践中积累经验，培养专才的任务应该由其他机构完成，如大学研究院、高级专门学校以及社会事业本身的训练。为培养通才，首先，他实行了延缓分院系的制度。从 1933 年开始，清华大学规定大学一年级不分系，文、理、法、工学院学生在一年级时都要修习包括自然、社会与人文三方面的共同必修课，共计 36～38 学分，占总学分的 27.2%～28.3%。其他各类课程占学分比重各系略有不同。其次，加强选修制度以提高知识的广博程度。大致说来，必修的本系课程一般占 1/4～2/5，并且多属基础课程，目的是使学生打下广博的知识和理论基础。当时的西南联大也规定，理工科学生必须选修一门社会科学概论，文法科学生必须选修一门自然科学概论。在各系必修和选修的课程设置中，也都注意使学生不囿于某一专业，而要有较宽的知识面，以奠定进行专深研究的基础。梅贻

琦在办学中通过延缓分院系、规定必修和选修课程等措施，要求文、理、法、工、农等学院培植各自领域的通才，甚至是几个领域的综合的通才，而不旨在养成一批局限于一种专门学术的专家或高等匠人。所谓“普通大学教育所真能造就者，不过一出身而已，一资格而已”。

毕业于哥伦比亚大学的哲学博士郭秉文，秉持通识教育理念，通过“四个平衡”（通才与专才平衡，人文与科学平衡，师资与设备平衡，国内与国际平衡）的办学指导方针，把通识理念转化为一系列课程教学实践。首先，郭秉文认为师资培养应该是一种综合性人才或通才培养模式。他反对当时向日本学习、设立专门的师范学校以培养师资的做法，主张采取美国模式，“寓师范于大学”，由综合性大学来培养教师。郭秉文推动南京高等师范学校的改革，设立东南大学；东南大学又设师范专业与教育科，培养具有综合素质、通才式的教师。这种教师教育思想与今天通识教育理念的基本精神是一致的。其次，重视学科之间的平衡，大力扶持自然科学和人文社会科学的发展。在南京高等师范学校，正科分为文史地部与数理化部，此外又设立工、农、商、教育、体育等专修科。1921 年东南大学正式设立以后，相继设立了 5 科 28 个系，包括文理、工、农、商、教育 5 科，学科布局齐全。最后，设文理科负责通识教育，为通识教育的实施提供了制度保障。东南大学文理科是由文史地部、数理化部合并而成的，下设国文、历史、外文、政治、经济、哲学、物理、化学、数学、地学等系，生物系、心理系也隶属于文理科。为彰显文理融合的理念，文理科负责对本科生进行通识教育，为通识课程的实施提供了制度保障。在郭秉文看来，综合性的大学既要有偏重理论的学科，也要有偏重应用的学科，使学科之间做到取长补短、互通有无，由此才能造就“平正通达的建国人才”，这种人才“都能为社会所重视，不曾发生过就业问题，而且多能成功立业，彬彬称盛”。

五、民国时期高等教育课程发展的特点

在课程内容、结构、形式、评价、管理制度等方面，民国高等教育课程已经基本完成从古典向近代的转变，并开始向现代化迈进，构建了现代大学学科课程体系的雏形。

（1）废除经学科。经学是两千多年以来儒学教育的主要课程教学内容，民国硕学闳材的培养目标，与清末“以忠孝为本”、以中国经史之学为基础，同时具有一定西学素养人才的培养目标不同，《大学令》《大学规程》废除了独立设置的经学科，把相关课程纳入文、史、哲，北京大学改订文科课程把这种课程思想、课程政策付诸了实践。从此，近代中国大学在课程建设上，开始摆脱经学、传统学术体系的束缚，走向现代学科课程体系。

（2）师范教育课程整齐划一。受日本学制模式影响并基于当时的国情，师范教育比较受重视，高等师范学校经费主要由国家金库支出补给，学生免纳学费，学校还会补给校内费用，但学生有 4～6 年的服务期，毕业之后要根据规定到指定地区进行教学授课服务。师范教育的政策使得民国政府在规程中对课程有较明确的规定，促进了师范教育课程的整齐划一。

（3）外国语课程地位突出。自《壬子癸丑学制》（1912—1913 年）开始，外国语课程成为专门学校每个学科的必修课程，北京大学 1917 年理科课程所有学门之本科皆必修外国语 2～3 年；外国语课程的突出地位从一个侧面反映了经过近代长达几十年关于“中学为体，西学为用”、维新改良、新政改革、辛亥革命、新文化运动的种种尝试，中国精英阶层向西方学习的大势已经基本形成，逐渐开始全面理性地学习西方的科学技术、教育制度、思想文化等。重视外国语学习的这种课程现象持续至今，现在外语仍然是所有教育层次、所有专业领域的必修课程，虽然 2014 年以后陆续实施的高考和中考改革使得外语的比重、考试难度有所降低，但学校教育过程中对外语教学、学习的热情仍然是非常罕见的。

（4）课程管理制度逐步规范起来。清末大学堂设总教习和各科分教习，由章程制定课程目录，功课之缓急次序、每日督课、科目

分课程计分数之法，都由教习负责。民国时期完善了课程管理制度，各科各系、研究生院都设教授会，由本系教授组织规划课程及相关事宜，讲师应列席；学校设评议会，对重要事项进行评议。

（5）初步构建了较完整的现代大学学科课程体系。历经中学与西学、通才与专才之争，民国时期一些大学持“中西会通”“通才与专才平衡”的课程理念，设计了较为完整的学科结构，包括文、理、工、农、商、法、医等，具备较完整的课程结构维度，包括预科课程与本科课程、基础课与专业课、必修课与选修课、通识课程、外语课程、实习课程等，从而初步构建了较为完整的现代大学学科课程体系。

第三节　现代高等教育课程体系的发展与成熟——中华人民共和国的高等教育课程（1949年以后）

新中国成立以后，百废待兴，在高等教育方面，国家以课程建设为切入点迅速改造旧大学、建设新大学，促进了我国高等教育事业的恢复和发展。改革开放以来，高等教育焕发新的生机，在专业建设和课程管理、文化素质教育和通识课程等方面进入一个全新的发展阶段，现代高等教育课程体系不断发展成熟并获得创新提升。

一、改造旧课程

1949年，解放战争刚刚胜利，国家政治、经济、文化各领域百废待兴，高等教育具有举足轻重的地位，但“现有高等学校课程中相当大的部分还不是民主主义的，即还不是民族的、科学的、大众的，还不能适应新中国建设的需要”①。效仿美国、日本等国家的旧大学的课程与学制已然不适应新中国教育发展的需要。《中国人民政

---

① 关于实施高等学校课程改革的决定．人民教育，1950（5）．

治协商会议共同纲领》(1949 年 9 月 29 日)指出，人民政府的文化教育工作，应以提高人民文化水平，培养国家建设人才，肃清封建的、买办的、法西斯主义的思想，发展为人民服务的思想为主要任务，人民政府应有计划有步骤地改革旧的教育制度、教育内容和教学法。

在《华北专科以上学校一九四九年度公共必修课过渡时期实施暂行办法》(1949 年 10 月 8 日)、《各大学、专科学校文法学院各系课程暂行规定》(1949 年 10 月 11 日)和京津 19 所高等院校负责人会议(1949 年 11 月)的基础之上，1950 年 7 月 28 日政务院通过了《关于实施高等学校课程改革的决定》(简称《决定》)，并成立高等学校课程改革委员会，制定了《高等学校文法两学院各系课程草案》(简称《课程草案》)。《决定》包含现阶段高等学校教育宗旨、现阶段出现的问题，规定了高等学校以学系为单位的组织结构、各学系的修业年限、课时安排以及师资力量的培养和教材的编订等主要内容，指出新中国高等学校的宗旨是“培养具有高度文化水平，掌握现代科学与技术的成就并全心全意为人民服务的高级建设人才”。因此，各系的课程“应密切配合国家经济、政治、国防和文化建设当前与长期的需要，在系统的理论知识的基础上，实行适当的专门化；应根据精简的原则，有重点地设置和加强必需的和重要的课程，删除那些重复的和不必需的课程和内容，并力求各种学科的相互联系和衔接”。同时在学习年限、上课时数方面规定：“高等学校各系应分别规定修业年限，以三年至五年为原则；每学期的实际授课时间以满十七周为原则，学生每周实际的学习时间(包括自习及实验)以四十四小时为标准，最多不得超过五十小时。课外活动时间，每周以不超过六小时为原则。”① 由此，《课程草案》规定：(1)各系的培养目标主要是“干部”和“师资”；(2)课程实施原则是“力求理论与实际结合，避免教条主义与狭隘的实用主义”，“革命的政治课程为文法两学院首要的基本课程，并以科学的观点和方法切实改造其他

① 关于实施高等学校课程改革的决定. 人民教育，1950 (5).

一切课程”；(3) 各系的公共必修课包括三门政治课、国文与写作、外国文、中国近代史、毕业论文（专题报告）等；(4) 本系课程分必修和选修两类①。通过明确原则和具体课程内容，文科课程改革坚持理论与实际结合、思想政治课程与业务课程结合、必修与选修结合等，树立了为人民服务的思想，并且在新时期有力地配合政治制度的改革，建立了“民族的、科学的、大众的”教育思想，为培养国家急需的建设人才提供了保障。

新中国成立之初，围绕课程改革改造旧大学是高等教育工作的重要组成部分，通过改造旧大学的课程，进行新民主主义课程改造，把旧中国的人文、法、商教育逐步转移到以马列主义为指导的轨道上，发展为人民服务的思想，从而培养了大量社会主义建设所需的人才。《决定》的颁布实际上也成为新的社会制度下高等教育课程管理、专业调整、课程建设、教学计划标准化的开端。

二、专业教育模式下的课程

(一) 专业教育模式下的课程建设——以中国人民大学为例

新中国成立之初，国家建设没有经验可以参考，而当时苏联有多年建设社会主义国家的经验，因此，我国在教育领域方面开始向苏联学习。20 世纪 50 年代，中国人民大学“作为学习苏联先进经验、进行教学改革的典型”②，是当时学习苏联高等教育经验的重要场所，并成为向全国推广的模板，因此，以中国人民大学为例可以探究新中国成立初期我国高等教育专业教育模式下的课程建设的概貌。

在《关于成立中国人民大学的决定》(1949 年 12 月 16 日) 中，明确其教育方针是“教学与实际联系、苏联情况与中国情况相结合”。因此，中国人民大学从命名组建之时起，就聘请了大量苏联教授，教育教学的很多方面都是在向苏联高等教育学习的基础上发展

① 教育部. 中国教育年鉴 (1949—1981). 北京：中国大百科全书出版社，1984：249-251.

② 北京高等教育文献资料选编 (1949—1976). 北京：首都师范大学出版社，2004：167.

起来的，当然基于我国实际情况，中国人民大学也进行了实事求是的改造。

1. 以专业教学为中心统领课程建设①

苏联教育学主张以教学为中心安排课程内容，课程问题被置于大教学论之下讨论。受此理论影响，中国人民大学依托专业，以教学计划、教学大纲及教材为框架组织课程建设。课程建设主要包括以下三个环节：

(1) 制订教学计划。1950—1953 年，中国人民大学共计进行了 4 次教学计划修订。最初的教学计划是根据国家经济建设的需要，结合高等教育的发展规律，以“培养知识广博与专而精的专业人才”为教学目标，基本上以苏联相应的专业教学计划为蓝本，本科设立了 9 个系共 14 个专业。该教学计划主要有几个特点：第一，突出了政治理论课的重要性。坚持马列主义教育是一切专业教育的基础，开设了 4 门政治理论课，包括马克思列宁主义基础、政治经济学、中国革命史以及辩证唯物论与历史唯物论。第二，设置了物理、化学、数学、中国语文等基础课，为接下来的专业课学习打基础。第三，教学计划制定的目标是培养专业人才，因此专业课的比重较大。根据这三个特点，在教学计划中各类课程的比重大致为：政治理论课占 18%，基础课占 35%，专业课占 47%。从执行结果来看该计划产生专业与专业化没有分开、结合中国实际情况不充分以及培养的人才独立研究能力不够等问题。1953 年，针对这些问题进行了第四次教学计划的修订。

第四次修订之后的教学计划完全以专业为单位来制订，学制一律改为 4 年。首先，加大了基础课和专业课的比重，使学生的专业化水平得以提升；其次，为加深专业学习，增添了学年作业、专题作业和生产实习的时间；最后，增加了中国课程的比重和上课时数，如财经各系增加了中国国民经济史，法律系增添了中国刑法、中国民法等等。

---

① 北京高等教育文献资料选编（1949—1976）. 北京：首都师范大学出版社，2004：168-175.

（2）编写各专业的教学大纲与教材。教学大纲和教材所解决的是课程目录、教学内容的问题。除了中国通史、中国革命史以及某些基础课以外，中国人民大学绝大部分课程以苏联已有的或苏联专家编写的教学大纲和教材为基础，因此，在编写教学大纲、教材时最重要的问题就是如何使其和中国实际相联系。首先，在政治理论课方面，强调利用马列主义原理来分析解决中国的历史和当前的实际问题；其次，在基础课方面，采取实验和作业的方式加强理论和实际的联系。最后，在专业课方面，苏联部分和中国部分根据中国实际和发展进行适当分别讲授，例如农业经济、贸易经济、国家法、刑法、民法等课程，其教学大纲和教材结合中国现实和历史进行编写、讲授。

（3）开展科学研究，以科研促教学。为贯彻“教学与实际联系、苏联情况与中国情况相结合”的教育方针，鼓励教师开展科研以提高教学质量。首先，中国人民大学在校部设研究部，各系设教学研究组；教研室是基本的教学组织，中国人民大学根据课程性质建立了 44 个教研室，进行教学和科学研究，主要任务包括组织教学、编写教学大纲与教材、讨论教学方法、总结中国经济建设实际经验等。其次，是设系，系是按专业划分的教学行政单位，其职能是领导和检查教研室的工作。教研室和系的设置完善了课程教学的制度设计，促进了教学和研究的结合，强化了专业教育的模式。与此同时，还建立了各项检查制度、听课制度、考试制度，以检查教师的教学质量。

2. 课程设置的特点

中国人民大学在命名组建初期，学习苏联经验，结合中国实际，改造旧课程，建设社会主义新型正规大学的专业教育课程体系，具有以下主要特点：（1）把培养社会主义建设者和接班人放在首位。重视政治理论课建设，把课程作为思想政治教育的主渠道，既是对“化民成俗”、重视道德教育传统的继承，也是基于实际的课程创新，形成了我国现代高等教育课程体系的鲜明特色。（2）以“培养知识广博与专而精的专业人才”为课程目标。不同于民国政府时期的

“通才”和狭隘的实用主义人才培养模式，以中国人民大学为代表的社会主义新型大学试图找到一个更适合中国实际情况、能培养当时经济建设所需人才的新模式。基于苏联教育教学经验，他们提出了培养知识广博与专而精的专业人才，并通过课程设置、教学内容的安排来实现此目标。(3) 理论与实际结合的课程实施原则。在大量引进、借鉴苏联教材的同时，不断增加中国课程的比重；除讲授外，还有大量的实习、实验、作业安排。(4) 依据专业设置课程。按照专业制订教学计划、开设课程、安排教学内容；按照专业设系和教研室，使之成为教师进行教学、科研的基层组织；从此，专业教育的模式在我国高等教育课程体系中扎下根来。(5) 高度的计划性与组织性。按照教学计划—教学大纲—教科书的模式，依托系、教研室的组织，课程越来越具有高度的计划性和组织性，并逐渐成为专业教育模式下课程体系的一个特点。

(二) 专业调整与课程建设

民国时期的大学只有院、系设置，无专业一说。到 1952 年底，与院系调整同步，全国已有 3/4 的高校设置了专业；此后，政府逐步对高校按专业目录进行微观调控，高校相应地按专业设置课程，逐渐形成专业教育的人才培养模式。

从 1952 年到“文化大革命”的这段时间里，分别于 1953—1957 年、1958—1962 年、1963 年，对教学计划进行了 3 次主要的专业调整或专业目录修订。

改革开放之后，进行了 4 次大的专业目录修订，分别于 1987 年、1993 年、1998 年和 2012 年颁布实施，历次专业调整对高等学校的课程建设影响深远。以 1953 年的院系与系科专业调整为例，历时两年多的调整通过整顿与加强综合大学，发展高等专门学院，尤其是工业学院和师范学院，来培养工业建设人才和师资，适应国家大规模经济建设。到 1953 年，全国高等学校变为 182 所，其中，综合性大学 13 所，占比 7%；高等工业院校 39 所，占比 21%；高等师范学校 31 所，占比 16%；高等农林学校 29 所，占比 16%；高等医药学校 29 所，占比 16%；高等政法学校 4 所，占比 2%；高等财经学校 7 所，占比 4%；其他（艺术、语文、体育、少数民族高等学校）共计 30 所，占比 16%（见图 2－1）。从调整结果看，院校整体数量并无太大变动，特别加强和发展了高等工业院校，新设钢铁、地质、矿冶、水利等 12 个工业专门学院。

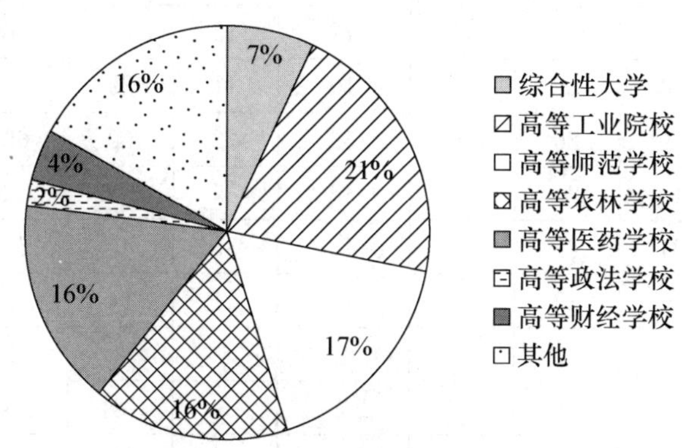

图 2－1　1953 年院校调整结果

资料来源：北京高等教育文献资料选编（1949—1976）. 北京：首都师范大学出版社，2004：131.

如表 2－9、表 2－10 所示，工、农、医、师范、政法、财经等系科被调出进行集中办学，视实际情况设置专业。1953 年调整之后，工科专业 107 种，1957 年达到 183 种，占专业类别总数的 57%；政治学、社会学、心理学、人类学等学科被取消，财经与政法学科被削减；在校文科学生急剧下降，1947 年文、法、商、科学生比重为 47.6%，1952 年下降到 22.5%，1962 年文科学生比例仅为 7.6%，1965 年略微上升到 10.7%①。系科、专业的调整意味着课程体系的变化。如 1958 年 5 月至 9 月，很多高校调整了系科专业，组建新专业，修改教学计划，增加了新课程，如工科院校增设了近代物理、同位素应用等新课程②。

---

① 中国教育年鉴（1949—1981）. 北京：中国大百科全书出版社，1984：239－240，247，249−255.

② 苏渭昌，雷克啸，章炳良. 中国教育制度通史：第 8 卷. 济南：山东教育出版社，2000：308.

表 2-9　　全国专业调整数量

专业类别	1953年	1957年	1962年	1963年*	1965年	1980年	1987年	1993年
工科	107	183	295	164	315	537	372	379
农科	16	18	48	26	37	60	53	55
林科	5	9	16	12	13	22	16	17
医科	4	7	11	10	11	29	24	28
文科	19	26	60	53	72	60	69	72
理科	16	21	79	36	55	158	133	131
师范	21	21	40	17	30	40	44	46
财经	13	12	25	10	21	54	45	46
政法	2	2	3	2	1	8	12	12
体育	1	2	9	7	6	8	14	9
艺术	11	22	41	36	40	63	68	67
总计	215	323	627	373	601	1039	850	862

注：另设有试办专业59个。

资料来源：教育部．中国教育年鉴（1949—1981）．北京：中国大百科全书出版社，1984；教育部．中国教育统计年鉴（1987）．北京：北京工业大学出版社，1988；教育部．中国教育事业统计年鉴（1993）．北京：人民教育出版社，1994．

表 2-10　　全国专业调整数量

专业类别	1994年	2000年	2001年	2002年	2015年
哲学	10	8	5	5	5
经济	50	35	11	16	21
法学	26	25	24	26	37
教育	22	19	52	56	19
文学	135	112	80	85	66
历史	16	16	9	9	7
理学	73	75	61	68	47
工学	400	374	129	151	199
农学	57	54	32	35	35
医学	58	58	37	41	54

续前表

专业类别	1994 年	2000 年	2001 年	2002 年	2015 年
管理学			33	36	
总计	847	776	473	528	490

资料来源：教育部. 中国教育事业统计年鉴（1994）. 北京：人民教育出版社，1994；教育部. 中国教育事业统计年鉴（2000）. 北京：人民教育出版社，2001；教育部. 中国教育统计年鉴（2001）. 北京：人民教育出版社，2002；教育部. 中国教育统计年鉴（2002）. 北京：人民教育出版社，2003；教育部. 中国教育统计年鉴（2015）. 北京：中国统计出版社，2016.

在以专业设置、专业调整带动课程建设的思路下，我国高校课程体系具有以下特点：(1) 形成统一的专业课程管理体制，专业目录修订对课程体系建设影响大。(2) 工科独占鳌头。在多次专业调整过程中，工科专业获得强化和发展，建立了比较完善的工科专业课程体系。从已有的统计数据看（1953—2015 年）（见图 2－2、图 2－3），1957 年工科专业占比达 57%，即高峰值，“文化大革命”之前，大多年份保持在 40%以上，2015 年是 41%。(3) 文科在改革开放之后得到积极发展。1980 年，文科、财经、政法这三个专业类别比重是 12%，2002 年，哲学、经济、法学、文学、历史、管理学等文科专业类别比重是 33%，2015 年是 17%（管理学数据缺失）。(4) 以社会需求为专业调整、课程建设的目标，培养了专业人才，增强了经济和国防实力，促进了我国社会经济发展。

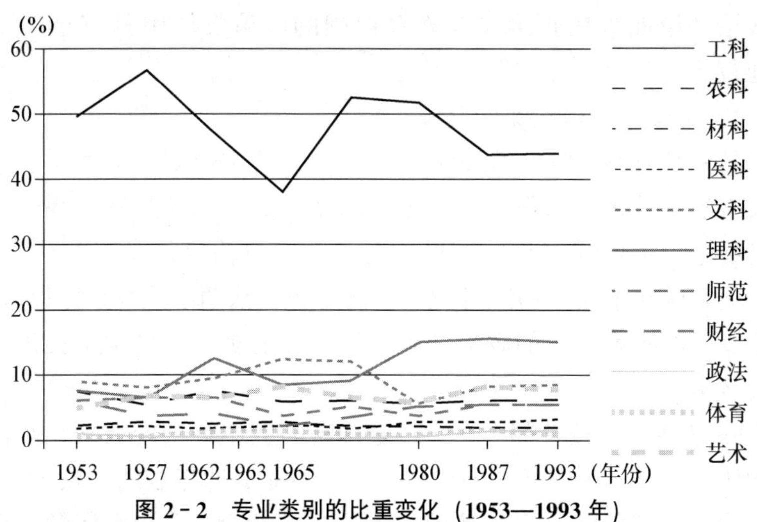

图 2－2　专业类别的比重变化（1953—1993 年）

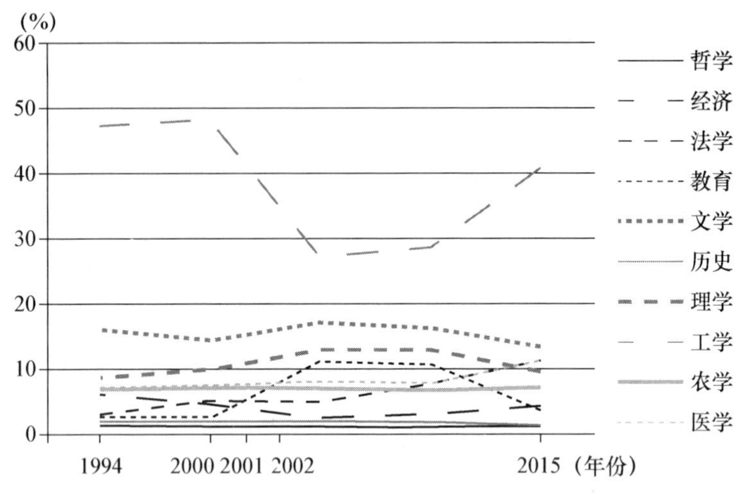

图 2-3　专业类别的比重变化（1994—2015 年）

三、思想政治理论课的改革与发展

我国历来就有“化民成俗”、重视道德教育的传统。新中国成立以后，一直非常重视立德树人和高校思想政治教育工作，认为它是关系到高校培养什么样的人、如何培养人以及为谁培养人的根本问题。思想政治理论课是高校思想政治工作的主渠道，因此，思想政治理论课程在我国高等教育课程的改革发展中具有至关重要的地位。

1. 思想政治理论课的发展

延续延安时期的办学经验，1949 年 10 月颁布的《各大学、专科学校文法学院各系课程暂行规定》确立了 3 门公共必修课程，即辩证唯物论与历史唯物论、新民主主义论、政治经济学，共计 12 学分，规定两年学完。1950 年的《高等学校文法两学院各系课程草案》规定文、法各系必修的政治课程是社会发展史、新民主主义论、政治经济学。

1952 年底，教育部下达实行全国统一教学计划的通知，制订了中国语言文学、编辑学和历史学等 3 个专业的四年制统一教学计划，其中，设马克思列宁主义基础、新民主主义论、政治经济学、辩证唯物主义与历史唯物论 4 门为政治理论课，各为 480 学时。在统一教学计划之前，教育部已经开始大力培训相关师资，在中国人民大学创设马克思列宁主义研究班，为全国培养一部分政治理论师资；在各高校的助教和高、中等学校高年级学生中选拔优秀的党员、团员，担任政治理论课程的助教或助理，指导他们结合自己的实际工作，有系统地学习马克思列宁主义的理论，逐渐培养他们成为高、中等学校新的政治理论的师资①。

1955 年 6 月，对汉语言文学、历史学和政治经济学等 3 个专业的统一教学计划进行了修订，新的教学计划强调加强学生的思想政治教育工作，各专业设马克思列宁主义基础、中国革命史、政治经济学和辩证唯物论与历史唯物论共 4 门政治理论课，包括课堂讨论在内的总学时一般为 500～600。这一阶段最大的变化是教育部决定从 1953 年起将高等学校一年级开设的“新民主主义论”一律改为“中国革命史”，体现马克思列宁主义与我国革命实际相结合。

1961 年 4 月，为了贯彻党的“调整、巩固、充实、提高”的方针，中宣部和教育部制定了《改进高等学校共同政治理论课程教学的意见》，指出高等学校共同政治理论课程包括：一是马克思列宁主义基础理论，二是形势和任务。马克思列宁主义基础理论课程开设的门数和学时，在不同年制的学校、不同专业应该有所不同。同月召开的文科教材编选会议，讨论将文科的政治理论课分为哲学、政治经济学、马克思列宁主义基础（主要学习毛泽东的政治学）、中国党史 4 门；思想政治教育则主要向学生做国内外形势、党的政策和共产主义道德品质的报告；指出共同政治理论课不在于比重，而在于质量，规定文科占总学时的 17%左右②。这一阶段，不仅正式增加了形势和任务课程（主要内容包括党的决议和政策、国内外重大时事等），而且其他政治理论课也从教学内容、教材等方面开始系统

---

① 何东昌. 中华人民共和国重要教育文献（1949—1975）. 海口：海南出版社，1998.

② 教育部社会科学司. 普通高校思想政治理论课文献选编（1949—2008）. 北京：中国人民大学出版社，2008；教育部. 中国教育年鉴（1949—1981）. 北京：中国大百科全书出版社，1984：286.

的中国化。

以上是“文化大革命”之前文科类专业的思想政治理论课要求。理科方面，1955 年修订了 7 个专业（数学、物理学、化学、动物学、植物学、自然地理、气象学）的教学计划，因比较完整，故在较长时期内沿用，其中规定开设 4 门政治理论课为必修课，即马克思列宁主义基础、中国革命史、政治经济学、辩证唯物论与历史唯物论；1961 年增加形势和任务作为各专业的必修课（见表 2-11）；1980 年《关于修订教育部属综合大学理科专业（四年制）教学计划的意见》规定政治理论课一般占总学时的 10%左右。

表 2-11　思想政治理论课（新中国成立至“文化大革命”前）

本科高校	时间	开设课程					在总学时中的比重
文科类专业	1949 年		新民主主义论	政治经济学	辩证唯物论与历史唯物论		
	1950 年		新民主主义论	政治经济学	社会发展史		
	1952 年	马克思列宁主义基础	新民主主义论	政治经济学	辩证唯物主义与历史唯物论		
	1955 年	马克思列宁主义基础	中国革命史	政治经济学	辩证唯物论与历史唯物论		
	1961 年	马克思列宁主义基础（主要学习毛泽东的政治学）	哲学	政治经济学	中共党史	形势与任务	一般不超过 20%

续前表

本科高校	时间	开设课程					在总学时中的比重
理科类专业	1955 年	马克思列宁主义基础	中国革命史	政治经济学	辩证唯物论与历史唯物论		
	1961 年	马克思列宁主义基础	中国革命史	政治经济学	辩证唯物论与历史唯物论	形势与任务	

“文化大革命”之后，国家进入以经济建设为中心和改革开放的新时期，高校政治理论课摆脱“左”的束缚，理论联系实际，进入了新的发展阶段。

1980 年 7 月，教育部印发《改进和加强高等院校马列主义课的试行办法》，规定全国高校本科开设中共党史、政治经济学、哲学，文科专业加开国际共产主义运动史，也可试开科学社会主义。两年制专科开设 1～2 门马列主义课程，三年制专科开设 2～3 门马列主义课程，课程门类由各校根据专业性质自定。

1985 年 8 月，《中共中央关于改革学校思想品德和政治理论课程教学的通知》印发，高校陆续进行政治理论课教学改革，逐步开设新课程，主要包括中国革命史、中国社会主义建设、马克思主义原理、世界政治经济与国际关系等。

1987 年 10 月，国家教委下发《关于高等学校思想教育课程建设的意见》，专门强调了思想教育课程的建设问题，确定高等学校开设思想教育课程，其理论基础是马克思主义，规定思想教育课程的改革和马克思主义理论课的改革要联系起来考虑。新时期思想教育共设置 5 门课程，即形势与政策、法律基础 2 门为必修课，大学生思想修养、人生哲理、职业道德 3 门可因各校实际情况开设，4 学年思想教育课程总计 288 个学时。自此，思想教育课程和政治理论课程正式成为大学思想政治理论课的两大板块。

1991 年 8 月，国家教委印发《关于加强和改进高等学校马克思主义理论教育的若干意见》，为更好地适应社会主义建设的需要，规定四年制本科继续开设中国革命史、中国社会主义建设、马克思主义原理课程，文科类专业还应开设世界政治经济与国际关系，文科类总计350个学时，理工农医类总计280个学时（不含时政学习和德育课程所需的学时），并强调继续按照《中共中央关于改革学校思想品德和政治理论课程教学的通知》的要求进行教学改革，理论联系实际，改变注入式的教学方法，编写高水平的教材，培养理论素养高的师资。

20世纪90年代中期以后，国家对高校马克思主义理论课和思想品德课（“两课”）的课程设置做了调整：1997年分别成立了“两课”教学指导委员会，加强了“两课”的教学研究、咨询、评价等工作；1998年6月，《关于普通高等学校“两课”课程设置的规定及其实施工作的意见》规范了新时期高校“两课”设置要求，四年制本科马克思主义理论课除开设马克思主义哲学原理、马克思主义政治经济学原理、毛泽东思想概论3门课之外，增设了邓小平理论概论，文科类开设当代世界经济与政治。文科类、理工类开设马克思主义理论课程的学时分别为250和220。思想品德课开设思想道德修养和法律基础2门，总计85个学时，课程设置注重中学、本科、研究生思想政治课程的衔接，使其共同构成一个既有连续性，又不断深化的学校思想政治教育课程体系。

2005年3月，在中宣部和教育部联合印发的《〈关于进一步加强和改进高等学校思想政治理论课的意见〉实施方案》中，本科4门必修课为马克思主义基本原理，毛泽东思想、邓小平理论和“三个代表”重要思想概论，中国近现代史纲要，思想道德修养与法律基础，共计14个学分；形势与政策2学分；当代世界经济与政治为选修课。同年12月，在《授予博士、硕士学位和培养研究生的学科、专业目录》中将马克思主义理论新增为一级学科，“马克思主义基本原理”和“思想政治教育”从政治学一级学科调整到马克思主义理论一级学科下面，加强了与思想政治理论课相关学科的联系。此后，高校“两课”课程设置基本稳定并延续至今。

2. 思想政治理论课课程建设的特点

从借鉴苏联学制、教学计划和教学内容，到基于社会主义建设经验不断探索适合我国国情的思想政治理论课课程体系和教学模式，总结近 70 年来我国思想政治理论课课程建设的基本经验，其主要具有以下几个特点：（1）理论联系实际。根据不同时期对思想政治教育提出的要求，结合学生的实际情况，不断发展、改进思想政治理论课的课程设置、教学内容和教学形式，大力培养符合课程建设要求的师资。如改革开放以后经历了“85 方案”“98 方案”“05 方案”三次大的课程体系调整。（2）政治理论教育和思想教育相结合，共同构成高校思想政治理论课课程体系。1985 年以后，针对大学生在人生道路、道德修养、法制纪律等方面的热点问题，高校开设了思想教育课（思想品德课），“两课”共同构成高校思想政治理论课课程体系，理论课教师和思想教育课教师共同开展调查研究、课堂讨论、学术研讨与讲座，提高了高校思想政治理论课的教学质量和教学效果。（3）统一的教学要求和教学大纲。对于思想政治理论课，一般都是由教育部统一制定课程目录、教学要求和教学大纲，组织教材编订和评估，这使得思想政治理论课课程体系日臻完善，成为大学生思想政治教育的主渠道。（4）通过学科建设巩固思想政治理论课在高校科研、教学中的地位。2005 年底马克思主义理论新增为一级学科，从而在经费、师资、人才培养等各个方面保障了思想政治理论课课程体系建设，强化了其在科研与教学中的地位。

总的来说，思想政治理论课课程体系坚持理论联系实际，把马克思主义基本原理同中国革命建设的具体实际相结合，不断改进教学内容、教材质量，从而逐步形成符合我国国情、符合高校思想政治教育需要的思想政治理论课课程体系，使其成为我国高校人才培养模式中的重要组成部分。

四、文化素质教育与通识教育的兴起和发展

为摆脱在 20 世纪 50 年代即计划经济时代的专业课程建设方面的一些束缚，加强大学生的人文素养，改革高等教育人才培养方式，

20世纪90年代中期以后，我国高等教育开始探索“宽口径、厚基础”的人才培养模式，政府推动了文化素质教育建设，大学自发探索通识教育模式，推动高等教育课程体系实行新一轮改革。

1. 文化素质教育与通识教育的兴起

国家教委于1994年初制定并实施“高等教育面向21世纪教学内容和课程体系改革计划”，指出要注重素质教育，重视学生创新能力的培养，注意学生的个性发展；正确处理好知识、能力和素质的关系，传统教学内容和现代教学内容的关系，继承和创新的关系，统一性和多样性的关系等，设立一系列改革计划以推动专业设置、专业结构、专业课程、基础课程的变革。1995年，在华中理工大学（现华中科技大学）召开了“加强高校文化素质教育试点工作研讨会”，标志着我国努力提高大学生文化素质、探索新时期人才培养理念和方式的教育改革正式开始。随后，教育部在1998年颁布的《关于加强大学生文化素质教育的若干意见》中明确指出：“大学生的基本素质包括思想道德素质、文化素质、专业素质和身体心理素质，其中，文化素质是基础。我们所进行的加强文化素质教育工作，重点指人文素质教育。主要是通过对大学生加强文学、历史、哲学、艺术等人文社会科学方面的教育，同时对文科学生加强自然科学方面的教育，以提高全体大学生的文化品位、审美情趣、人文素养和科学素质。”可以看出，作为教育部在全国普通高等学校正式推行的一项改革举措，文化素质教育贯穿于大学教育的全过程，它包括人文素质教育和科学素质教育，重点是人文素质教育。

一方面，政府大力推动文化素质教育和人才培养模式的创新；另一方面，20世纪90年代“211工程”和“985工程”陆续推出，给大学发展带来了更大的空间和机遇，但竞争的压力也随之而来。政府的推动和自身的质量需求共同促使大学纷纷开始在人才培养模式、课程体系改革方面展开自主探索，提出“宽口径、厚基础”的人才培养理念，并在本科教育实践中主动创新。其中一个重要的制度创新，就是本科通识教育和通识课程的产生。进入21世纪以后，很多高校相继推出了以通识教育为基础的制度性改革措施，包括

2000年浙江大学成立竺可桢学院，2001年北京大学推出“元培计划”，2007年成立元培学院，2003年武汉大学全面启动通识课程建设工程，2005年复旦大学成立复旦学院，2006年南京大学成立匡亚明学院，2009年中山大学成立博雅学院，2016年清华大学新雅书院开始招生，等等。通识教育汲取国外经验，注重本土探索，从此成为文化素质教育的重要形式。

2. 通识教育课程改革的历程——以复旦大学为例①

在国内研究型大学中，复旦的通识教育课程改革比较有实效，不仅课程体系改革彻底，而且较早地设立了复旦学院，把改革从课程层次推进到学生管理组织形态和制度的层面，破除了通识教育改革的体制障碍。改革分为两个阶段：2005年到2014年是复旦通识教育的“1.0版本”，主要解决的是“是什么”和“为什么”的问题；2014年以后，则进入了改革的“2.0版本”，主要解决的是“怎么能做得更好”的问题②。见微知著，从复旦的案例中我们可以一探通识课程在国内研究型大学兴起的究竟。

2005年起，复旦大学的通识教育改革从以下三个方面起步：一是改革课程体系；二是成立复旦学院，复旦学院2005年初设立时是学校实施通识教育的教学、研究和管理机构，2012年7月开始成为本科生院，承担全校本科教学发展和管理职能；三是完全按大类学科招收本科生，经过1年学习后再选择专业。其中，对课程体系的改革是核心。复旦大学的本科课程结构包括通识教育课程、文理基础课程和专业教育课程三个部分，通识教育课程又分为核心课程、专项教育课程和选修课程，核心课程主要为一年级新生开设，是复旦通识教育课程改革的中心工作。

根据“传承科学与人文精神、展示人类共同知识与学问基础”的要求，复旦大学构建了涵盖六大模块的通识教育核心课程体系，

---

① 该案例来源于2007年春季与中国人民大学相关领导、同事一起在复旦大学的调研，部分数据和内容进行了更新。

② 什么是2.0版本的复旦大学通识教育？——专访复旦大学通识教育中心主任孙向晨. 复旦通识教育，2017-12-05.

即文史经典与文化传承、哲学智慧与批判性思维、文明对话与世界视野、科技进步与科学精神、生态环境与生命关怀、艺术创作与审美体验①；这个延续至今的核心课程模块的主导原则是突破单纯的“专业视域”和“知识视域”，从“培养新时代中华民族的一代新人”出发，为学生提供能够帮助其获得精神感悟、形成基本人文修养和思想视野的课程。2006年复旦学院为一年级新生推出了50门核心课程，其中，属于文史经典与文化传承模块的有“庄子导读”“鲁迅导读”“周易与中华审美文化”等9门，属于哲学智慧与批判性思维模块的有“荀子导读”“费尔巴哈研究”“共产党宣言导读”等10门，属于文明对话与世界视野模块的有“东亚文明的历史进程”“古希腊文明研究”“基督教会史”等7门，属于科技进步与科学精神模块的有“物理与文化”“物理学与世界进步”“化学人类生活”等8门，属于生态环境与生命关怀模块的有“疫苗改变世界”“医药伦理”“走近医学：历史与传承”等10门，属于艺术创作与审美体验模块的有“当代英美电影鉴赏”“中国古陶瓷鉴赏与收藏”“京剧表演艺术”等6门，学生可在规定范围内任意选修一门，要求修2～4学分，最少2学分；如多选修，学分可以计入综合教育选修学分；选修本系开设的核心课程，一概不计学分；未修满规定学分者，不能毕业。2014年以后，复旦学院建设核心课程总计近180门，构建了50余个基本课程单元，使课程设置更具结构性、层次性和逻辑性；要求学生选修12学分。除了核心课程，文理基础课程和专业教育课程分别在学生的学科基础、专业素质等方面下功夫，三类课程共同构成一个以人为本、全面提高人才培养质量的综合本科课程体系。

在改革课程设置、课程结构的同时，复旦学院也进行了教学方式的改革，主要体现为：（1）读经典。由学生骨干领读，或者请导师领读，读完写读书笔记。（2）小班研讨。核心课程少的每班30～40人，多的百人，但都分成20人以内的小班进行研讨，设助教制

① 2013年开始核心课程调整为七大模块，即文史经典与文化传承、哲学智慧与批判性思维、文明对话与世界视野、社会研究与当代中国、科学探索与技术创新、生态环境与生命关怀、艺术创作与审美体验。http://www.fdcollege.fudan.edu.cn/9407/list.htm.

（按 1：30 的比例配助教）。（3）本科生参与科学研究。学校通过项目资助的方式鼓励学生参与研究，鼓励导师吸收本科生参与科研。（4）为学生选择提供辅导。复旦学院设立了一个导师办公室和公开导师接待日，有各院系选派的 80 多名导师，这些导师既固定带几个学生，又面向所有复旦学院学生；另外，还有一批资深教授（接近退休或返聘的）提供辅导。

文化素质教育和通识教育虽已推动 20 多年，成果有目共睹，但也存在"盛名之下其实难副"的现象和对其学习效果的质疑。一方面，专业教育模式在我国由来已久，一般专业与热门专业的吸引力仍有相当差距，学生和家长对热门专业情有独钟；并且在公务员招聘、企事业招聘强调所谓"专业对口"的形势下，改革仍存在不成熟的外部环境。另一方面，社会对学生综合素质的要求也在不断倒逼高等教育的改革发展，通识教育作为文化素质教育的重要形式，其课程改革尝试纠正人才培养的"三过"——过窄的学科专业设置、过弱的人文素养和过强的功利主义倾向，在越来越多的研究型大学中已经获得认可，通识教育由课程体系改革向管理体制改革、招生体制改革转变的趋势正在形成。因此，未来的挑战不在于是否推动通识教育，而在于文化素质教育和通识教育课程设计、课程实施是否会取得高质量的课程教学效果。

五、高等教育课程发展的特点

新中国成立以后，我国高等教育历经多年的发展，已逐渐形成一个比较成熟的现代课程体系，其发展具有以下两个突出特点：

（1）"理论联系实际"的课程建设原则。"理论联系实际"不仅意味着课程与学校教学实际相联系，更意味着与我国经济社会发展的实际相联系。在我国高等教育课程的发展历程中，一以贯之地坚持这条建设原则，从改造旧大学的课程，到思想政治理论课的发展，再到专业课程和通识教育课程的建设，无不如此，从而构建了中国特色现代高等教育课程体系。

（2）以"专业目录"为标志的课程管理体制。自 1952 年大学有专业开始，我国高等教育课程体系的发展与专业设置、专业调整密切相关。专业目录成为高等教育课程管理体制的重要组成部分，课程体系以专业设置、专业目录修订、专业调整等专业建设和与之相配套的教学计划制订、教材编审等为主线发展，大学在院系下面设置专业，然后依据专业制订培养计划、开设课程。

回顾历史，自 1862 年始的高等教育课程发展历程是我国高等教育发展的一个缩影，回顾与反思从清末到 21 世纪高等教育课程发展的历程，可以看到我国高等教育课程从理念到实践一直面临的一个重大问题，就是如何处理传统与现代的关系。传统与现代的关系，本质仍然是“中”与“西”的问题，是激荡中国人思想的百年问题，也是课程发展的百年主题，它在不同时代以不同形式表现出来，从“中体西用”到“中西兼习”，从“中西会通”到“扎根中国，融通中外”，一代又一代人在思索这个问题，并提出不同的发展策略，推动了高等教育课程体系的近代化转型和现代化发展。如今，中国高等教育课程的发展必将植根于中国的文化，重新认识传统文化在大学教育中的地位。表现在课程教学领域，是从课程目标、课程设计、课程内容、课程形式、课程实施、课程评价等方面，对传统文化与现代价值观的关系，文化素质教育、通识课程与专业教育的关系，思想政治课程的发展，外语课程的定位，以及学科设置、专业调整与课程建设的关系等问题的创新性回应。虽然高等教育具有越来越多的课程自主权，但扎根中国大地、为国家社会经济发展服务、解决中国发展面临的问题，是我国高等教育课程发展永恒不变的主题。

第三章　课程与人才培养

课程是大学培养人才的制度化形式，也是高等教育利益相关者之间的一种利益安排。一方面，在社会变革、知识经济时代的背景下，对知识精通的要求、对国际视野和实践能力的要求在不断提升，大学课程相应做出调整；另一方面，基于教育的国际化全球化发展趋势，大学越来越把课程变革作为保持竞争优势和向社会输送优秀人才的一个重要途径。我国高等教育现处于大众化阶段，并朝着普及化的方向发展，面临从规模扩张到结构优化、质量提升的转变，这种发展模式的转变必然会在人才培养上体现出来，并会直接对课程建设提出不同的要求。当前，高校课程内容广泛更新，数量增加，但也存在专业性和综合性、规定性和选择性、学术性和实践性之间的矛盾①，表现为课程建设面临的一系列问题。其中有自身建设方面的问题，比如通识课程方面，包括通识核心课程的建设、人文课程与科学课程的融合、院系和学科的差异等，也有一些体系上的问题，如不同阶段课程体系的衔接问题：一是与高中课程的衔接。根据2003年普通高中课程改革方案，高中课程从“精英主义”向“大众主义”、从“应试”向“素质”转变，面对这种转变，本科课程如何衔接？本科人才培养如何调整？二是与研究生课程的衔接。从院系

① 谢维和．高校课程的变化与特点．教育研究，2005（2）．

角度看，研究生课程与本科课程区分度不高，内容雷同，从学生角度看，研究生课程结构与本科知识结构不匹配，课程选修要求不合理。除此之外，还有近年来非常受关注的创新人才培养问题，即课程教学在本科生、研究生培养过程中到底扮演什么角色，如何在课程教学上进行变革以促进创新型人才的培养等，都要求我们深入探究课程与人才培养的关系。

第一节　课程的作用与地位

课程在高等教育人才培养过程中发挥何种作用？具有怎样的地位？这是一个看似简单明了，然而在理论和实践中却不甚清楚的问题。以下对两组关系的辨析有助于理解这一问题，一组是课程与科研的关系，另一组是课程、学科与专业的关系。在第一组关系中，虽然科教融合、产教融合一直是很多大学倡导的人才培养模式，但由于大学之间的竞争和资源分配的项目制，科研受到的重视不言而喻，课程教学在实践中常常坐冷板凳，教学甚至被视为全靠教师自觉的“良心活”而成为很可悲的事情；在第二组关系中，学科建设、专业优化是大学内外部治理的主要工具，课程教学常常处于“依附”角色。因此，大学在人才培养过程中，首要问题就在于澄清课程教学在人才培养中的地位与角色，并从课程教学的角度促进上述两组关系的协调，以促进创新人才培养和大学卓越。

一、课程与科研的关系

从大学职能的角度看，人才培养存在课程教学与科研相结合的问题。大课程概念包括教学的范畴，课程教学与科研是大学的两项主要职能，正如伯顿·克拉克所说：“现代大学教育中，没有任何问题比教学与科研之间的关系更为根本。”① 课程教学与科研成为现代大学人才培养的主要途径，科教融合是目标，然而在实践中由于课程

① B. Clark. The Modern Integration of Research Activities with Teaching and Learning. Journal of Higher Education，1997，68（3）.

教学、科研各有不同的利益相关因素，各自都存在“漂移”的力量。一方面，科研活动具有把科研从教学和学习中拉走的趋势，克拉克称这一趋势为“科研漂移”；另一方面，教学授权的某些推力要求教学从科研中撤离，克拉克称之为“教学漂移”。目前，课程与科研的关系主要体现为：

第一，向科研倾斜的评价体系。与课程教学相比，科研转化为现实生产力的周期较短、效率较高，在服务社会方面绩效比较显著，因此政府有强烈的动机对科研进行投入和干预，伯顿·克拉克就认为，政府和工业部门对科研的高度重视是破坏科研-教学-学习联结体的重要力量。重视科研的风气在高等教育领域形成，并支配了主要的经费和人力资源。大学排行榜是大学发展的风向标之一，这是反映大学课程教学与科研地位的显性尺度；以上海交通大学世界一流大学研究中心、《美国新闻与世界报道》(U. S. News & World Report)、《泰晤士高等教育》(Times Higher Education，THE)、QS (Quacquarelli Symonds) 四大全球性学术评价机构发布的世界大学排名为例，科研指标均占据很大比重（见表3-1)，其中上海交通大学世界大学学术排名（ARWU）就是纯粹的科研和学术排行榜，而其他三个排行榜中直接的科研指标权重在25%之上，直接的教学指标却只出现在THE的排名指标体系中。

表3-1　四大全球性学术评价机构世界大学排名的指标构成

几类主要的排名	ARWU				U. S. News & World Report世界大学排名			THE世界大学排名					QS世界大学排名				
评价指标（一级指标）	教育质量	教师质量	研究成果	师均表现	学术声誉	文献计量	学校层面	教学	研究	引文影响力	国际视野	产业收入	学术声誉	雇主声誉	生师比	师均被引量	国际化
权重（%）	10	40	40	10	25	65	10	30	30	30	7.5	2.5	40	10	20	20	10

第二，向科研倾斜的治理制度设计。在政府科技、教育政策的引导和全球科研竞争的压力下，大学内部治理也是以科研、学科建

设为重，重科研、轻教学的现象在研究型大学普遍存在。高校为了各种排名、评估，大力鼓励、支持教师从事科研工作，并积极地为各种科研项目的申报、实施努力创造条件，这使得教学与科研的平衡受到影响。从治理的制度设计上看，大学一般从院系到学校等各个层次都设有学术委员会处理学术和科研相关事务，而教学（指导）委员会或相关委员会的设立则比较多样，有单独设立的，也有把相关职能涵盖在学术委员会之中的（见表 3－2）。以原属“985 工程”的 10 所研究型大学为例，在各个大学的章程之中，清华大学、复旦大学、南京大学、中国科学技术大学、中国人民大学等 5 所学校明确规定了校教学（指导）委员会或人才培养委员会的设立，负责课程教学的审议、评议、指导和咨询；北京大学、哈尔滨工业大学则规定在校学术委员会下设教学（指导）委员会，浙江大学、西安交通大学的提法基本上都是可按需求设立，上海交通大学基本没有涉及。在学院治理的层面，几乎所有学院都设立学术委员会，设有教学（指导）委员会的学院比例为 11%～72%，南京大学有 72%的学院设立了教学（指导）委员会，比例是最高的。学术委员会和教学（指导）委员会的设立情况从治理的角度反映出高校和院系对科研的倾斜。

表 3－2　　高校学术委员会与教学委员会的情况统计

学校名称	学院（系）数量	学术委员会		教学（指导）委员会		大学章程
		校级	院级数量	校级	院级数量	
北京大学	28[a]	有	28	无	13	学校设立学术委员会作为最高学术机构，学校学术委员会设教学指导委员会等专门委员会。
清华大学	23[b]	有	23	有	7	学校设立学术委员会作为最高学术机构，学校设教学委员会，负责审议本校教学计划方案，评定教学成果、教学质量，检查、指导教学管理和教学队伍建设等重要事项，对教育教学改革和人才培养工作提出咨询建议。

续前表

学校名称	学院（系）数量	学术委员会		教学（指导）委员会		大学章程
		校级	院级数量	校级	院级数量	
浙江大学	36	有	36	有	18	学校、学部、院系根据需要设立学术（教授）委员会、教学（指导）委员会等学术组织，学校设立学术委员会作为最高学术组织。
复旦大学	33[c]	有	33	有	18	学校设立学术委员会作为最高学术机构，学校设置教学指导委员会作为学校教学工作的指导、咨询、审议和监督机构。
上海交通大学	23[d]	有	23	有	11	学校设立学术委员会作为学校学术事项的最高议事机构，学校学术委员会下设学位评定、教学学风与学术道德等专门委员会。
南京大学	29	有	29	有	21	学校学术委员会是学校最高的学术机构，校教学委员会在校学术委员会指导下，具体负责审议决定学校本科教学重要事务。
中国科学技术大学	17[e]	有	17	有	10	学校学术委员会是最高学术机构；学校教学委员会负责学校教学工作的咨询与审议，包括审定本科生和研究生课程建设规范和教学岗位设置原则等。
哈尔滨工业大学	20	有	11	有	4	学校设立校学术委员会，下设校教学委员会等四个专业委员会；学校教学委员会负责决定学校本科教学工作重大事项，职责包括审议并决策本科专业培养方案、课程体系、课程大纲、管理条例等。
西安交通大学	23[f]	有	10	有	7	学校设立学术委员会，学术委员会可以就学科建设、教师聘任、教学指导、科学研究、学术道德、科学伦理等事项设立专门委员会。

续前表

学校名称	学院（系）数量	学术委员会		教学（指导）委员会		大学章程
		校级	院级数量	校级	院级数量	
中国人民大学	28[g]	有	28	无	3	学校设置人才培养委员会，指导课程建设、教材建设、教学组织建设等工作；学校设置学术委员会。

注：本表数据根据各高校官网相关数据资料整理而成。

a 仅限于校本部的 28 个院（系），且不包括研究院、研究中心等基层学术组织。

b 不包括研究院、研究中心等基层学术组织。

c 不包括研究院、研究中心等基层学术组织以及继续教育学院。

d 不包括上海交大密歇根学院、上海交大巴黎高科卓越工程师学院、中欧国际工商学院等国际合作办学的学院。

e 仅限于校本部的 17 个院系，不包括少年班、实验室等。

f 不包括继续教育学院、网络学院、体育中心等。

g 仅限于校本部的 28 所院系，不包括网络教育学院、继续教育学院、中法学院等。

第三，向科研倾斜的教师发展规划。对教师个体而言，科研由于有经费、项目、成果等配套而具有更强的激励性；课程教学则需要高深知识、教学能力等方面的长期积累和训练，教师需要不断增加新知识、学习新技能，以提高教学能力，改进教学方法，并为此付出艰辛的学习和劳动；课程教学还具有过程的复杂性、效果的滞后性、付出与效果不匹配等特点，这使得教师的教学付出往往是隐性的、无绩效的。因此，在功利主义的主导下，课程教学被教师置于科研之后。

可见，政府、学校、个体都存在使课程教学与科研分离、科研优先的力量。伯顿·克拉克通过对美英德法日五国的比较研究，总结了课程教学和科研分离的四个主要原因，即大众化高等教育运动、劳动力市场对各行专家需求的增长、前沿知识和知识之间的断裂不断加剧以及不断增长的政府赞助和监督①；本-戴维则在《学习的中心》一书中指出，科研和教学只是在特殊的条件下能够在单独一个框架内组织起来，远远不是一种自然的相配②。在这种环境之下，如

---

① 克拉克. 探究的场所——现代大学的科研和研究生教育. 杭州：浙江教育出版社，2001：221，242.

② J. Ben-David. Centers of Learning：Britain，France，Germany，The United States. New York：McGraw-Hill，1977.

何使课程教学和科研相结合，实现科教融合以促进创新人才培养？课堂、研讨班、实验室是大学人才培养的主要场所，加强微观课程设计、教学设计可以促进科研与课程教学的结合。分裂课程教学与科研联结体的力量往往来自经济、劳动力市场、知识体系等宏观因素，而融合课程教学与科研联结体的力量则更多来自微观因素——课堂、教师和学生个体。教师的课程设计、学生对教学学习的深度参与，可以有效减少“科研漂移”与“教学漂移”，促进课程教学与科研整合。

二、课程、学科与专业的关系

从高校建设与发展的角度看，人才培养存在课程、学科与专业的关系问题。新中国成立初期，课程变革是政府改造旧大学的切入点；改革开放以后，学科建设与专业发展成为政府高等教育治理、协调大学发展的重要工具。课程教学是大学的第一职能，而学科是知识的分类体系，它具有发现、保存、传承知识的功能，所以学科往往是科研、创新的组织化依托；专业则是课程的一种组织形式，这种组织形式以社会职业分工为导向，按专业培养学生体现了大学的社会服务职能。学院这种制度设计有利于课程、学科与专业三者的统一，尤其是专业研究生院成为课程体系化、学科再生产、专业社会化的场所。在理论上梳理这三者的关系，有助于更加深入地认识课程的作用，并有助于大学的人才培养以及学科建设和专业优化等办学实践。

关于课程、学科和专业的关系，学界持有不同观点，依时序主要包括：(1) 学科、专业是对知识的人为划分，因此对学生的培养容易碎片化，只有通过课程的综合化才能弥补这种知识的割裂①。(2) 相互交融、相互依存、相互促进的关系。课程、学科和专业具有内在的统一性，针对不同类型的培养目标这三者的建设重点是不同的。研究型人才培养以学科为载体，强化精英教育理念；技

---

① 王伟廉. 高等学校学科、专业划分与授权问题探讨. 高等教育研究，2000 (3).

术型人才培养则以专业为载体，提高可迁移技能；而技能应用型人才培养以特定的专业为依托，注重技能服务能力①。（3）学科、专业、课程是非线性、非确定对应的关系。学科、专业与课程是高校人才培养的基本平台和单元，学科遵从知识的逻辑，专业设置依据的是社会对人才的需要，课程则是从教学的立场对教学内容及其影响进行组织和管理，三者之间具有密切的联系，但却处于不同的层次和范畴，互相之间是非线性、非确定对应的关系。也就是说，一个学科可以对应不同专业，一个专业可以跨越不同的学科，学科与课程之间、专业与课程之间也是如此②。（4）一体化或一体多面的关系。学科既指一个知识体系，又指一种学术制度；专业是社会学的概念，是指专门学业或专门职业，围绕一个培养目标组成的课程群就是一个专业；课程则是教育学的概念，它来源于学科，是从学科知识中选择一部分“最有价值的知识”组成教学内容；“双一流”建设政策在技术核心上就是要推进学科、专业、课程的一体化③。（5）体、用和手段的关系。也有学者提出在建设世界一流大学的过程中，学科是体，专业是用，课程是手段，是联系学科与专业的纽带；学科建设就是学科组织化的过程，它可以不断提高学科生产知识的能力，而能否提供高质量的课程则是学科实力强弱的重要标尺④。

在办学竞争的压力下，经费、科研、项目常常会偏向某一学科，专业名不副实，课程常常处于依附地位。当然，在研究型大学、地方本科院校、应用职业技术大学等不同类型的大学中情况存在差异。

---

① 叶志明，邓斐今，周锋，等. 对学科、专业和课程及其在高校发展中作用的再认识. 中国大学教学，2010（1）.

② 刘小强，彭旭. 理顺关系 打破对应——关于高等教育学科、专业与课程改革的思考. 中国高教研究，2010（3）.

③ 周光礼. “双一流”建设中的学术突破——论大学学科、专业、课程一体化建设. 教育研究，2016（5）.

④ 宣勇. 学科建设与本科教育的内在联系//2017 年中国高等教育学会学术年会暨高等教育国际论坛发言，2017-07-05.

1. 学科、专业、课程的三角协调关系

学科、专业、课程三者间具有复杂的、多层次的关系，在不同类型的大学，它们的相对地位是有差异的。伯顿·克拉克在20世纪80年代提出影响高等教育发展的三种主要力量分别是国家权威、学术权力和市场，这三种力量此消彼长，体现了国家、大学、市场之间关系的不同模式；学科、专业、课程之间也存在类似的三角协调关系（见图3-1）。学科代表知识分类，专业代表社会需求，它们在人才培养问题上扮演着不同的主导角色。

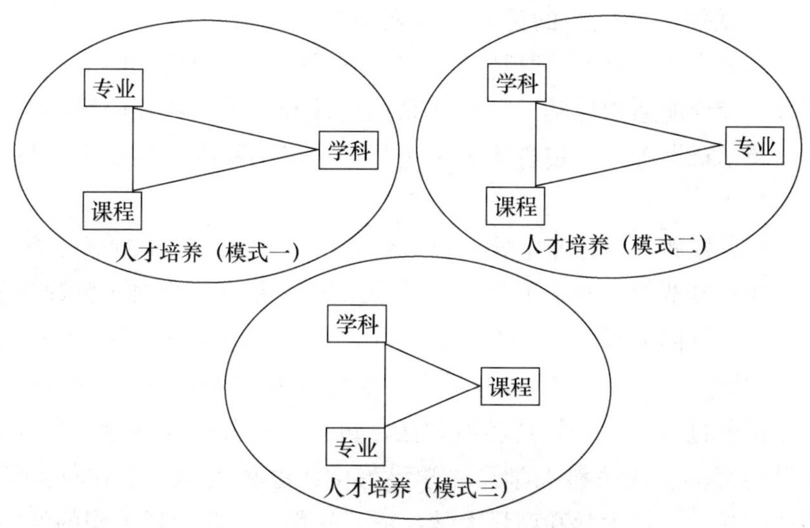

图3-1　学科、专业与课程的协调三角

(1) 模式一：学科主导。

整个19世纪是知识不断学科化，并以专业、课程的形式进入大学的过程，沙姆韦（D. R. Shumway）和达维多夫（E. Messer Davidow）考察了学科的历史发展，认为“18世纪末自然哲学断裂成为各门独立的自然科学，现代诸学科正式诞生。社会科学后从道德哲学中分裂出来，而‘人文科学’是对20世纪那些遭到排斥，将其拒之于自然和社会科学之外的学科的简称”①。福柯、华勒斯坦强调学科

① 华勒斯坦，等. 学科·知识·权力. 北京：三联书店，1999：16.

的规训，认为学科是一个历史的范畴，自它在大学站稳脚跟之后，就确立了越来越严格的知识分类规则和学科分立的制度；从而，学科的不断分化，使学者们不断强化话语体系，形成自己的学术领地和学术部落，不同学科之间的边界愈加清晰。知识生产者们一方面痛恨这种学科壁垒，另一方面又深陷其中。于是吉本斯提出知识生产的两种模式：模式一是传统的、单学科的，模式二是多学科、跨学科的；现代科研组织形式和科研生产要从模式一向模式二转移。模式一和模式二的并存，以及这种知识生产模式的转移，适应了现代社会生产的需要，因而引导大学开始跨专业招生、跨学科培养人才，培养“厚基础、宽口径、跨学科、国际化”的人才，课程建设导向通识课程、课程体系的衔接与融通、课程内容的前沿性与跨学科性等。一定程度上，这是一个以学科为主导的高等教育时代。

（2）模式二：专业主导。

我国专业教育始于1952年的院系调整，是基于当时国家建设的需要，也是向苏联学习的产物，然而，我国自清末开始便有分科育人的传统。清政府于1904年颁布《奏定学堂章程》，指出在京师大学堂设分科大学堂，教授各科理法，包括八个分科大学堂，分别是经学科大学、政法科大学、文学科大学、医科大学、格致科大学、农科大学、工科大学和商科大学；每一分科大学堂包括不同的学门，如经学科大学包括周易、尚书、春秋左传、毛诗、春秋三传、周礼、仪礼、礼记、论语、孟子和理学门等11个学门；工科大学则包括土木工、机器工、造船、造兵器、电气工、建筑、应用化学、火药、采矿及冶金等9个学门；传统知识虽仍占据优先地位，但现代学科、专业知识已经进入清政府的教育章程之中。

1912年蔡元培主持制定的《大学令》把大学分为文、理、法、商、医、农、工7科，课程设置偏重文、理两科，而《专门学校令》的颁布把全国专门学校分为10类，这些专门学校的学科、课程已经和现代大学非常类似，传统的经学、理学教育在专门学校失去了昔日的地位。1930年开始，民国政府的教育政策侧重对实科人才的培养，在《确定教育实施趋向案》（1931 年）中，明确规定“大学教育以注重自然科学及实用科学为原则”，并主张淘汰办理不善的文法科。

新中国成立以后，专业的主导地位开始凸显。民国时期，相关的教育政策、文献主要使用的是“科目”“学门”等概念，很少使用“专业”的概念；新中国成立到 1952 年这段时间，政府主动进行课程改革的尝试，主要以学习解放区大学思想、办学经验为主；1952 年以后，我国实施第一个五年计划，通过工业化推动经济建设，当时急需大量工科建设人才，遂开始全面学习、模仿苏联高校的专业设置与教学计划，以经济建设所需的专业来确定高校的人才培养目标、教学计划等，从此，专业开始在我国高校的人才培养和课程教学工作中起主导作用，甚至形成了一种强大的专业思维和专业惯性。

（3）模式三：课程的作用。

1952 年以后，在相当长时期内，专业在大学人才培养中具有主导地位，学生按照专业报志愿，学校按照专业培养人才，教师按照专业开展教学，学校的教育教学活动都是围绕专业展开的。改革开放以后，大学重视科研与学科，尤其是“211 工程”和“985 工程”实施以后，学科成为优化学校资源配置、建设一流大学的主渠道，学科建设成为学校的中心工作。在政策和学术话语中，人才培养过程中学科、专业的作用是显性的，课程的作用始终是隐性的，课程建设有意无意地被高校忽视，这种忽视体现在以下几个方面：教育改革缺少“课程”的痕迹，以至于有外国评估专家提出“中国大学似乎还没有感受到人才培养和本科教育的压力”，改革举措较难到达学校教育的最后一公里——课堂；课程建设的制度设置不清晰，很多学校课程设置、修订等工作都是由学术委员会或教学指导委员会负责；学科带头人的主要压力是科研，课程责任是非硬性的、松散的、无法评估的。当前，“双一流”建设强调的核心是“立德树人”，高校开始越来越重视课程与教学，因此，未来形成学科、专业、课程的协调三角是备受期待的。

2. 课程的视角

以课程的视角，如何在人才培养过程中形成学科、专业、课程三者之间的协调关系？

(1) 课程制度建设。2017 年 7 月国务院宣布成立国家教材委员会，审查国家课程设置和课程标准的制定；这是在国家层面对课程和教材建设的重视，使得课程设置和实施在制度上获得了强有力保障。这是宏观层次的国家课程治理，在学校、院系层面也应该完善课程制度，比如对课程委员会职责和程序的完善等。

(2) 强化教师的课程理念。在大学，学科、专业主要以教师活动为中介，从而与人才培养产生关系。教师在学科范畴内进行科学研究，在专业层次上进行课程设计、实施教学；因此，教师是课程效果、课程角色的关键影响因素。教师既要有学科意识、专业思维，又要有课程理念，尤其要明确学科带头人的课程责任，因为学科带头人既是科研掌门人，又是教学引领者，其重要工作之一是设计本专业的课程体系、建设本专业的核心课程。

(3) 加强课程教学研究。1993 年的《中国教育改革和发展纲要》就已提出要集中力量建设约 100 所重点大学和一批重点学科、专业，后续实施的"211 工程"和"985 工程"，以及现在的"双一流"建设，都是围绕一流学科、一流大学展开的国家规划和接力政策，学科、专业建设成为高等教育发展的政策重点。那么，当前我国课程建设的基本情况如何呢？我们可以从目前的教育研究情况管窥课程与学科、专业的关系。

1993—1998 年，关于学科、专业和课程的学术论文非常少，核心期刊的论文基本没有；从 1998 年开始，"985 工程"的实施强化了对高等教育领域学科、专业和课程问题的研究。以中国知网(CNKI) 上所查询的 CSSCI 文章为例，1998—2016 年，以"学科"、"专业"和"课程"为关键词的论文总数分别是 392、160 和 85，如图 3-2 所示，"学科"主题的研究成果年均近 21 篇，且自 2004 年之后一直保持在每年 25～30 篇的较高水平；"专业"主题的文章年均 8 篇，有两个高峰时期，分别出现在 2008—2010 年以及 2012—2013

年；然而，高等教育领域“课程”主题的文章年均只有4篇，并且只有2012—2013年数量相对较多，其他年份都在10篇以下，一年只有3～4篇的情况很常见。如果加上关键词“教学”的文章，1993—2016年，“课程”“教学”主题文章总计有170篇，和“专业”主题不相上下。但无论从哪个角度看，“学科”主题文章是占据明显优势的，这充分说明研究者与政策制定者具有相似的倾向，更加重视“学科”研究，而不是“课程”研究。因此，面对立德树人、培养创新人才的要求，强化发展课程教学研究，对于高校课程建设、人才培养是非常重要且有益的。

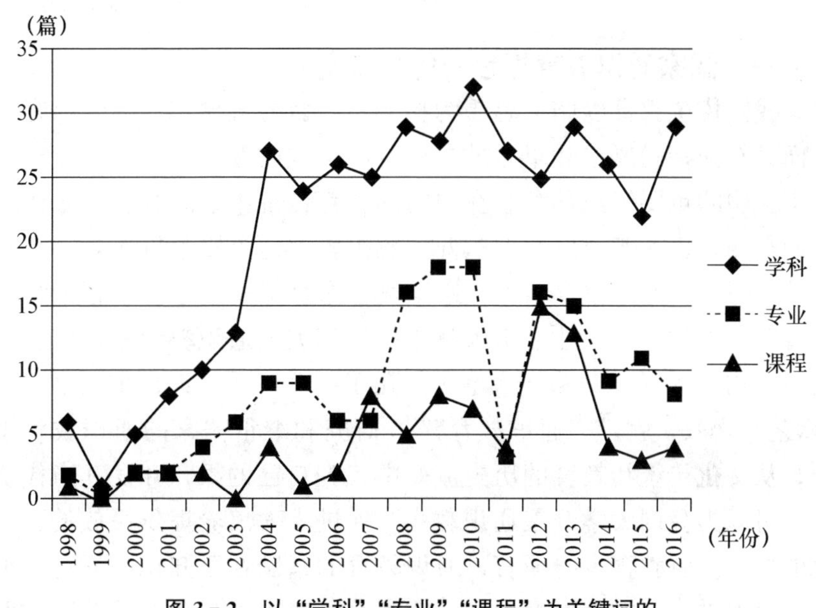

图3-2 以“学科”“专业”“课程”为关键词的CSSCI文章发表情况（1998—2016年）

第二节　通识教育与本科人才培养

通识教育立足于本科教育阶段，是本科人才培养的核心课程体系，它产生于20世纪，是回应工业社会挑战的产物，美国对通识教育理念、课程和相关问题进行了大量研究。对于通识教育的理解，学者们争论较大，20世纪70年代主持哈佛通识课程改革的哈佛学院院长罗索夫斯基甚至宣称："通识教育没有科学的定义，因为教育不是一门科学。广泛地被接受的理论并不存在，——没有唯一的真理。"[①] 虽然没有统一的定义，但是，通识教育还是具有核心的内容。就社会而言，通识教育的本质是一个文化奠基工程，通过核心课程为学生提供一个共同的价值观和文化基础，形成社会凝聚力；就教育本身而言，通识教育目的是实现知识的通达、平衡，促进学生的全面发展。我国具有通识教育的传统，我国大学只有植根于中国教育传统，对西方经验进行创造性转换，才能在课程教学实践中创造出具有更加旺盛生命力的课程体系。

一、儒家通识教育思想的传统流变[②]

我国传统教育以儒家思想为核心，在教育理念、目标、内容等方面具有独特的风格和卓越的成就，所形成的教育智慧，已经成为中华文明的重要组成部分。在中国的教育传统中，既有中国人所特有的东西，也有普遍层面的东西。通识教育这个概念虽然是一个舶来品，但是，通识教育精神、通识教育内容却属于中国教育传统中的普遍层面的东西。孔子本人就是一位伟大的通识教育家，他非常清楚地描述了通识教育的价值[③]。孔子的礼、乐、射、御、书、数"六艺"之教，就是"通识教育"[④]。研究和继承儒家的通识教育思想，从文化传统和教育的历史流变中找到自己的根，开发其当代价值，可以为我国大学开展通识教育、促进人才培养提供民族的、文化的根基。就教育本身而言，通识教育的精髓在于知识的通达、平衡，以促进学生的全面发展，而儒家教育思想正是在人的发展方面体现了通识教育的基本要素。

---

① 黄坤锦. 美国大学的通识教育——美国心灵的攀登. 北京：北京大学出版社，2006：64.

② 本小节内容中的《论语》部分的引用和解释参见杨伯峻. 论语译注. 北京：中华书局，1980.

③ 黄俊杰. 大学校长遴选——理念与实务. 北京：北京大学出版社，2006：14.

④ 林安梧. 孔子的六艺之教就是通识教育——世界最早的通识教育家. 台湾通识在线，2005，10（1）.

1. 君子不器——儒家的培养目标是君子，不是工匠

孔子的人才培养目标是君子，其中重要的一条是“君子不器”。孔子在《论语·为政篇》中说“君子不器”，指君子的知识结构应该宽广，不能像器皿一般，只有一定的用途，并以“修德学道”为最重要。“成德之士，体无不具，故用无不周，非特为一才一艺而已”，儒家思想中这种“君子不器”、求综合之精神，与通识教育反对知识的碎片化，平衡学科的专门化、职业化，在本质上是统一的。马克斯·韦伯在《儒教与道教》一书中也谈到了儒家“君子不器”的思想，他指出：“‘君子不器’这个根本的原理告诉我们，君子是目的本身，而不只是作为某一特殊有用目的的手段。”① 韦伯直接指出儒家“君子不器”的思想就是要培养具有通才的“绅士”，这与通识教育的理念不谋而合。

（1）君子是学“道”和行“道”之人，志在治国平天下。

君子不是工匠，应该脱离生产劳动和具体经济事务，要研究和掌握治国之道，而那些生活技艺或本领只有小用，君子不应该沉迷于这些方面。《论语·子路篇》曾记录了“樊迟请学稼”的事情，在孔子所处的时代，政治不好，礼乐行不通，樊迟请学稼，意思是在奉劝孔子“教民稼穑”，这样对于民生也有益处。但孔子不以为然，勉励弟子们要研究修己安人的大学问，要致力于治国平天下的大事业，不要分心去种谷种菜。另一个例子来自《论语·子罕篇》，太宰问孔子为什么这样多才多艺，“子闻之，曰：‘太宰知我乎！吾少也贱，故多能鄙事。君子多乎哉？不多也。’”孔子回答说，由于小时候穷苦，所以学会了不少鄙贱的技艺。真正的君子是不会有这样多的技巧的。这段话从另一个角度证明了孔子反对君子去学一些具体的技艺，君子应该去学“道”和行“道”。

子夏曾经解释了君子和百工的不同：“百工居肆以成其事，君子学以致其道。”意思是说，工人居住于其制造场所，只是为了完成他们的工作，君子则用学习获得那个“道”。君子之学的要点在

---

① 韦伯. 儒教与道教. 南京：江苏人民出版社，1993：186-187.

学“道”，在于德行和品质的提高。这样的学当然不注重专门的技能。

（2）推崇“通士”，提倡做学问做人上的通权达变。

自孔子以后，儒家进一步发展了“君子不器”的思想，提倡“通士”或“全人教育”。《荀子》中曾说“物至而应，事起而辨，若是，则可谓通士矣”。在这里，通士的“通”具有应变、变通的意味。东汉思想家王充对“通人”进行了更全面深入的论述：“能说一经者为儒生，博览古今者为通人。”死记硬背儒家经书的“儒生”只是“鹦鹉能言之类也”。王充认为“通人”具有胸怀百家、能治能言的素质，又“通明博见”“知古今之学”①。其实，孔子对自己人生进程的自述也反映了一种博览古今、随心所欲的教育理想，他说：“吾十有五而志于学，三十而立，四十而不惑，五十而知天命，六十而耳顺，七十而从心所欲，不逾矩。”

“通人”通情达理，知行合一，他博闻强识于古今中外。这种人生，既要在做人做事上求通，又要在做学问上求通。通识教育正是对现代大学人才培养过度专业化、知识被严重割裂等现象的一种反制，强调知识的融会贯通和学生的基本素质。可见，“通人”的境界与通识教育的含义是相通的，即既要做到人生的练达，又要在学问上求通。

2. “谋道不谋食”“忧道不忧贫”——儒家重视伦理道德教育，促进了社会共同价值观的形成

距今约 2 500 年前，古希腊的先哲们就很重视道德的培养和对“善”的生活之追求。亚里士多德认为一个真正的人的生活特征是美德，而美德就包括智力和道德两个方面，教育的作用就是从这两个方面去养成美德。因此，在古希腊时期，公民道德就是自由教育的核心。进入工业社会以后，功利主义、拜金主义盛行，信仰、理想和传统价值的精义已经很少有人理会。于是，20 世纪初，通识教育在美国诞生，正是要重振西方文明，以对抗传统文化和道德的沦丧，

---

① 严元章. 中国教育思想源流. 北京：三联书店，1993：47.

恢复伦理与道德原则，以培养具有完整人格的人。哈佛大学的两次课程改革体现了通识教育对道德和传统价值的重视，1945 年的《自由社会的通识教育》阐述了通识教育的目标在于培养学生的四种能力，其中一种能力即“能辨识普遍性价值的认知能力”；20 世纪 70 年代，罗索夫斯基制定核心课程，提出了五项“合理的标准”，其中之一就是“一个有教养的人，要能了解并思考道德和伦理的问题”①。因此，“道德思考”成为哈佛大学当时核心课程的六大领域之一。儒家教育主张“德育为先”，德行是孔子通识教育的核心②。在孔子的思想中，“道德的人”是分层级的，学养最高的是圣人，居中的是君子，君子之下是士人，而圣人的标准又太高，于是，君子成为“道德的人”的标准。君子“谋道不谋食”“忧道不忧贫”，遵循礼节行事，为了保持仁德而不迷恋于衣食俸禄。

在培养“君子”的教育活动中，儒家非常重视伦理道德方面的教育。

(1)“君子和而不同，小人同而不和”，通过对君子和小人言行的比较，突出了君子的仁德，体现了孔子以伦理道德为中心的教育思想。一个品德高尚的人，不会盲目地去附和别人，而是在理性地尊重不同观点的基础上团结他人，小人才会盲从附和、结党营私。所以，孔子感叹：“君子周而不比，小人比而不周”。对于他的弟子，孔子辅导他们好好地做人，成为有道德的人。从孔子对“子路问成人”的答复，可以清楚地看出他的道德教育思想：“见利思义，见危授命，久要不忘平生之言——亦可以为成人矣。”（看见利益便能想起该得不该得，遇到危险便肯付出生命，经过长久的穷困日子都不忘记平日的诺言，也可以说是全人了。）

(2) 儒家非常重视道德认识和道德实践，在以培养君子为目的的教育活动中，道德教育居先，一般文化知识的学习处于服从地位。《论语·述而篇》记载：“子曰：志于道，据于德，依于仁，游于

① 黄坤锦. 美国大学的通识教育——美国心灵的攀登. 北京：北京大学出版社，2006：255.

② 陈来. 论儒家教育思想的基本理念. 北京大学学报（哲学社会科学版），2005 (5).

艺。”从中看出，在孔子的教育思想中，道和德居于前列，学的首要任务是“志于道”，最后才是“游于艺”。《论语·学而篇》中的记载也反映了孔子高度重视道德教育的思想，“弟子入则孝，出则悌，谨而信，泛爱众，而亲仁，行有余力，则以学文”。意思是，年纪小的人，在父母跟前，就孝敬父母；出门在外便敬爱兄长；寡言少语，说则诚实可信，博爱大众，亲近有仁德的人。这样躬行实践之后，有剩余力量，就再去学习文化，可见，在孔子那里，孝悌、诚信、博爱、仁德等道德认识和道德实践是放在文化知识学习前面的。

孔子最重视通过诗、礼、乐等科目来实现道德教育。这与柏拉图、亚里士多德主张哲学与修辞学有责任去促进公民道德的观点相一致，这些基本的教育观念与后来的通识教育理念是相通的。

3. “一事不知，儒者之耻”——儒家崇尚人文精神，重视人文经典教育

儒家崇尚人文精神、重视人文经典教育是“君子不器”思想的逻辑演绎，与君子的培养目标是一脉相承的。就像金耀基在《从传统到现代》一书中写道：“儒家思想的基本性格是人文精神……君子是人文精神的实际代表，而人文精神则是一全幅的展现，而不能落于一技一艺，故君子必然是一通儒，而不是一专才，因一为专才，便无足观了。”① 君子、儒者必须广学而博识，中国传统知识分子都以“一事不知，儒者之耻”为自己求学为人的座右铭。因此，儒家传统是崇尚人文精神的，人文精神就是对天文、地理和人事的全幅反映，它不局限于某一种技能。现代社会，人们希望通过通识教育传承人文知识，弘扬人文价值，培养人格和知识全面发展的“完整的人”和“有教养的人”。儒家重视人自身的存在价值和文化价值，重视人文教育，这些理念与通识教育弘扬文化，强调学生素质和广博知识，培养“完整的人”“有教养的人”的思想是一致的。

① 金耀基. 从传统到现代. 北京：中国人民大学出版社，1999：13-14.

(1) 以培养学生的人文素养为目标，教学内容宽广。

长期以来，儒家教育内容包罗万象，没有分科，主要以培养学生的人文素养为目标。孔子教学的主要科目是礼、乐、射、御、书、数，基于培养知识宽广的君子的目标，他更重视诗、礼、乐，认为“兴于诗，立于礼，成于乐”，“不学诗，无以言”，“不学礼，无以立”，最终一以贯之归于“仁”。孟子主张教育内容是“由之以孝悌之义”。荀子强调对儒家经书的学习，且非常重视乐教，认为音乐是表达人的快乐情感的一种重要方式，“乐者，乐也，人情之所必不免也，故人不能无乐”。因此，从教学内容上可以看出，无论是孔子向弟子传授《诗》《书》《礼》《易》《春秋》，还是明清时期的“四书五经”，都以培养贤能之士的人文素养为目标。直到 19 世纪末期才逐渐有了政法、农经、工商等学科，以至于在很长一段时间里，世人将中国缺乏自然科学知识和与生产技能相关的教育归因于以儒家思想为核心的传统教育。

(2) 重视人文经典教育。

人文经典凝练了无数古圣先贤千百年来的理性、意志和智慧，是中华民族的文化瑰宝。从秦到清，儒家对人文经典的重视一以贯之。“四书五经”是中国儒家的经典书籍，也是从明初到清末五百多年科举考试的主要内容。“五经”是儒家五本经典书籍的合称，孔子对它们进行了编辑或修改，最早有“六经”，它们是《诗经》、《尚书》、《仪礼》、《乐经》、《周易》和《春秋》，后来《乐经》失传。“六经”之教完全是一种经典教育，是通过对经典的研习来传承道统和学统，并实现对全人之培养。与“六艺”相比较，孔子更重视经典的教育，把以经典为核心的人文教养与文化传承视为教育的基本内容①。《乐经》失传以后，其他“五经”加上《论语》《孝经》《周礼》《礼记》《春秋公羊传》《春秋谷梁传》《尔雅》《孟子》并称“十三经”，是儒家教育基本的教学内容。“四书”的整理始于南宋大儒朱熹，他认为“理”存在于儒家经典之中，“为学

---

① 陈来. 论儒家教育思想的基本理念. 北京大学学报（哲学社会科学版），2005（5）.

之道，莫先于穷理，穷理之要，必在于读书”。他要求学生熟读儒家经典，读经典的目的不仅是获得知识，且主要在于领会经典中的立场、观点和方法。朱熹对儒家经典进行修订和整理，把《大学》《中庸》《论语》《孟子》合为“四书”，传承和发展了儒家学说。从某种意义上，儒家教育其实就是一个人文经典教育，几千年来，经典教育涵养了中华民族的人文精神和道德素养，居功至伟。

通识教育适应21世纪大学人才培养的新挑战，不仅要向西方顶尖大学取经，更应该从传统中汲取营养。简言之，中国大学的通识教育，只有植根于中国教育传统，对西方经验进行创造性转换，才能具有更加旺盛的生命力。

二、通识教育及其课程建设

新知识的产生提升了通识教育的重要性。现代社会的主要特征之一是新知识产生的速度在加快，过于专业化的教育无法适应这种变化，这凸显了通识教育的重要性。纽曼认为大学教育的目的是要突破个人的局限，追求普遍的真理。如果大学的目的是追求真理，那么学生就不应该一头钻进一个特殊的知识部门，而应当掌握站在高处俯瞰新知的能力，通识教育就是要培养这种能力①。21世纪以来，国内很多高校，包括浙江大学、北京大学、复旦大学、南京大学等，相继推出了以通识教育为基础的人才培养方案。这些学校陆续进行的通识教育实践，是作为本科教育教学改革计划而推出的，此项制度设计的预设目标是提高人才培养质量。那么，实践中存在一些什么样的问题？又需要如何推进通识课程建设呢？

1. 关于通识教育

(1) 通识教育是对教育本真的复归。

文化素质教育以学生为主体，以促进学生的全面发展为目的，

① 黄俊杰．大学校长遴选理念与实务．北京：北京大学出版社，2006：35.

坚持教育的自主性，以经典和普遍知识为内容，不因商业利益的变化而随波逐流。通识教育课程作为文化素质教育的重要形式，为学生提供非专业化、非职业化的学习，以融合和统整的方式展现人文、社会、自然等知识范畴，赋予学生丰富的文化遗产和具有永恒意义的价值观、态度、知识和技能。教育的本真在于“教化”“育人”，复归学生主体和大学自主的通识教育正是坚持了教育的本真。

(2) 通识教育是对中华文化主体性的复归。

以儒家思想为核心的中华文化富有“通识”精神，孔子的“六艺”之教就是一种文化素质教育，以“君子”“士”为培养目标，强调“君子不器”。今天，我们向世界开放，应该了解与尊重文化的多样性，同时，更应该给学生提供中华优秀传统文化，把具有永恒价值的经典如《诗经》《论语》《孟子》《道德经》等给学生，让学生得到中华文明最基本、最精华的东西，这是时代赋予大学的职责。

2. 通识教育的实践——基于某研究型大学的通识教育调查

为了解通识教育理念和通识课程的实践情况，2007 年在国内某研究型大学进行了一次关于通识教育的问卷调查，问卷包括学生(本科生)问卷和教师问卷两个部分，被调查对象分布在学校各个院系，学生问卷共发放 1 000 份，回收 985 份，回收率 98.5%，其中有效问卷 974 份；教师问卷共发放 500 份，回收 172 份，回收率 34.4%，其中有效问卷 153 份。调查发现：(1) 教师和学生对通识教育的态度与参与意愿相互矛盾。他们对通识教育理念有很高的认同，但是，涉及教育目的、培养模式和课程等具体问题时，师生们在行为选择上又具有较强的专业倾向。比如，虽然有 96.64%的教师赞同“大学本科教育应该帮助学生掌握人文社会与自然等科学领域的基本知识”的说法，但将近 75%的教师更愿意开设专业课，只有 25%左右的教师更愿意开设通识课。同时，有 68.2%的学生赞同“大学本科教育应该以专业课为主”，在课程期望上，他们最希望的是能够增加与专业相关的学科课程。(2) 加强通识课程设计和质量建设关键在于教师。在调查中发现，教师的知识水平、授课水平、讲课风格、敬业精神、人格魅力在学生对文化素质课和全校任选课的态度方面起决定作用。（3）教师参与通识教育的意愿较低，但是能够服从学校的统筹安排。问卷调查显示，虽然由于受知识结构限制、对本专业的知识和教学更为熟悉、教学的效果比较好等，将近2/3教师更愿意开设专业课，但同时也有将近2/3的教师认为自己有必要给本科生开设通识教育课程。（4）随着职称等级的升高，教师参与通识教育的意愿逐渐降低。在教师问卷统计中，在显著度水平为0.1的情况下，职称与开课意愿之间存在正相关关系；也就是说，随着职称等级的升高，教师开设专业课的意愿越来越高，但是，开设通识教育课程的意愿越来越低，并且，这种渐低的趋势很明显。

3. 通识课程建设

在上述案例调查研究中发现的通识教育实践问题具有一定代表性，要推动通识教育发展，使其真正在培养创新型人才、引领型人才方面发挥作用，除了治理体系上的改革，通识课程的建设是关键因素。

学生对通识教育认可度的高低，取决于对通识教育课程的设计和开发。例如，在上述研究型大学的调查中，关于“全校任选课的问题在哪里”，只有5.82%的学生认为问题在于“任选课与专业关系不大”，结合学生前面对专业课的评价，可以认为，虽然本科生很重视专业，但是他们并没有用专业的标准或者说以专业为中心来衡量文化素质课和全校任选课。所以，在通识教育的问题上，通识课程的细节决定成败。

通识教育把“使学生成为一个负责任的人和公民”放在首位，而专业教育把重点放在培养学生的某些职业能力上①。它们的区别不仅在于课程范围，而且在于方法和视野。近代，以梅贻琦、郭秉文等为代表的一批重视通识教育的大学校长，不仅以培养“全人”或

① The Harvard Committee. General Education in A Free Society. Cambridge：Harvard University Press，1950：51，58.

"通才"为教育目标，并且非常注重实务和课程建设。梅贻琦在清华大学增设"通论"之学程，将自然、社会与人文学科作为通识教育的基础课程，要求学生既要能够"分而理解"，又能够"会其所通"①。增设"通论""概论"之类的课程有价值，然而却还是不足够的。梅贻琦认为大学的课程还非常有必要进行修改，比如工学院必须增加有关通识的课程，减少专攻技术的课程。因为工业建设不仅要靠技术、机器，还要依靠资金、原料，所以工业建设人才对经济、管理、地理、地质都应该有充分的认识。"真正工业的组织人才，对于心理学、社会学、伦理学，以至于一切的人文科学、文化背景，都应该有充分的了解。"② 所以，大学工学院应该增加一些心理学、社会学、伦理学等方面的课程，包括工业心理、工商管理、人力工程等。郭秉文在东南大学主张实现人文与科学的平衡，为"通才"和"专才"的成长提供完备的学科背景，学校共设置 5 科共 28 个系，涵盖了文、理、农、工、商、教等学科，学科设置在当时是非常齐全的。

汲取国外大学的经验，把儒家传统教育思想的精华融入课程开发和课程设计中，并从制度、配套措施入手对通识教育举措进行细化，把理念落实到教学、助教安排、教室分配、考核等具体工作中，通识课程建设、通识教育改革必将事半功倍。

第三节　课程与研究生培养

随着高等教育的发展和分化，研究生教育独立于本科教育而在纵向上进入另一个层次的高等教育阶段。研究生培养不同于本科生，它在探究性、专业性方面具有更明确的要求。因此，课程在研究生培养中的作用具有不同于本科阶段的特点。

---

① 姬智明．蔡元培与梅贻琦的大学理念殊异比较与探析．太原师范学院学报（社会科学版），2007（2）．

② 杨东平．大学精神．上海：文汇出版社，2003：172．

一、研究生的培养过程

1. 研究生培养

19 世纪初，柏林大学实行讲座教授制，推行洪堡的“科研和教学合一”理念，研讨班、实验室等被用作研究生培养的主要工具；19 世纪末期，学术革命和资本主义经济发展给美国的大学带来了巨大变革，约翰·霍普金斯大学建立了美国的第一个研究生院，它作为高等教育的第二个层次和传统的本科学院联结起来，专业研究生教育从此在美国蓬勃发展；伯顿·克拉克则强调了研究生培养过程中的院系角色，认为专业研究生院的发展把院系这种学术单位推到显要地位，使之成为在纵向上组织课程、联结第一层次和第二层次的基本操作单位。

在研究生培养过程中，“科研和教学合一”的原则一直面对分裂和坚持等不同力量的斗争，克拉克教授称之为“科研漂移”和“教学漂移”。学院作为大学的基层组织，是教师和研究生相互影响的主要领域，它是一个双螺旋结构，“由在制度上表现为一个教学群体和一个科研群体的缠结在一起的教学和科研组成，于是学生的环境采取一个双重群体的形状，以规定的课程学习和写论文的顺序分成一个以密集的科研为方向的教学环境和一个与教学融合的科研环境”①；学院形成课程教学和科研相结合的培养环境，有利于抵制“科研漂移”和“教学漂移”的浪潮，与教学融合的研究生科研、以科研为基础的研究生课程把课程教学、研究、学习结合在一起。

2. 研究生课程及其作用

如第一章所述，“课程”是一个颇具争议性的概念，有学者曾经归纳了上百种课程定义，但一般而言，课程是指学校为实现一定的培养目标而实施的教育内容和教育安排；基础教育、高等教育等不同层次的课程则由于教育对象的差异而在内容和形式方面有所不同。前哈佛学院院长哈瑞·刘易斯认为，大学课程是学生为获得学位而

---

① 克拉克. 探究的场所——现代大学的科研和研究生教育. 杭州：浙江教育出版社，2001：291.

必须参加的一系列学习计划。沃克尔（Walker）认为课程是安排教和学的内容、目标的特殊方式，包括三个主要组成要素，即目标、组织教学和教学内容（见图 3-3)。根据这三个组成要素，研究生课程的目标是培养从事学术探究和专业工作的未来研究者，而教学内容的选择则与知识理念和人才培养理念相关。研究生课程具有探讨前沿理论、进行跨学科研究和以探究为基础等基本特征。

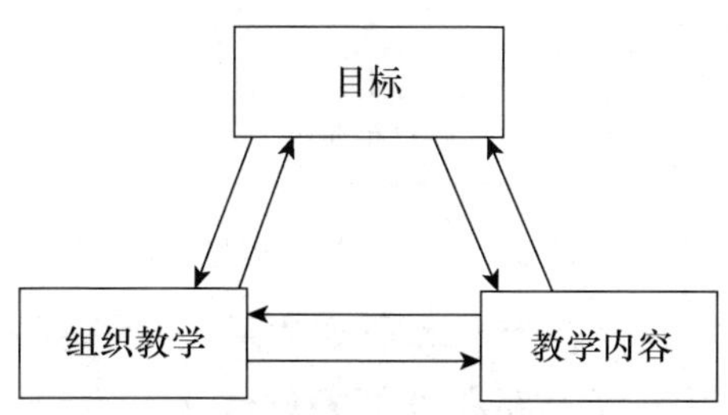

图 3-3　研究生课程组成要素

虽然形式和内容不同，但在任何教育层次，课程都涉及不同群体的利益诉求，研究生课程也不例外。当然，除了反映政府、用人单位、高校教师和学生等的利益要求，研究生课程还应具有“价值中立”或公共的地位和功能；研究生课程具有组织功能，学院通过课程把院系、教师和学生结合在一起；研究生课程还是学院聘任教授的依据。更重要的是，课程在研究生培养过程中具有基础地位，起到支持性、关键性作用；研究生成长过程中所完成的三项主要任务是课程学习、科研训练和学位论文撰写，课程为研究生科研训练和学位论文撰写奠定知识、能力基础，提供支持框架；换言之，在研究生培养过程中，课程是基础，科研是骨架，最后完成一篇高质量的学位论文（见图 3-4)。但是，在不同的学科中课程的地位是不相同的。帕特里夏·J. 耿波特考察了物理学、生物学、经济学和历史学四个学科，发现课程的作用存在两个极端，对于如物理学这样的自然科学，课程通过复习总结基础知识、实验、检测仪表、数据分析、设计等与学生的科研训练紧密地联系在一起；而像历史学这样的人文学科，两年的研究生课程被视为准备资料和收集研究内容的过程，即使有研讨课，科研训练也并不正规，研究生很多时候都是在图书馆单干，因此，人文学科的课程和科研训练联系不够紧密①。

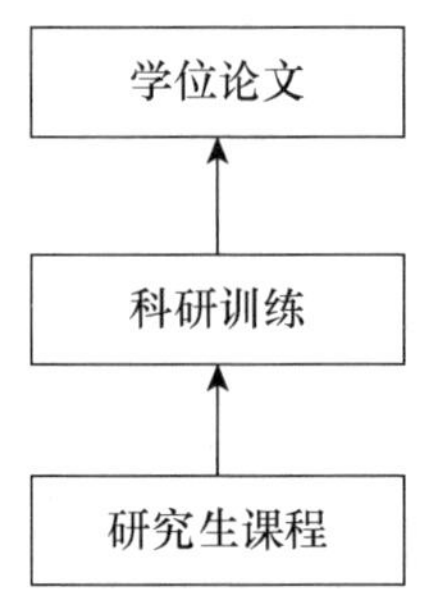

图 3-4 研究生培养过程

不仅在学科之间存在差异，研究生课程的作用在不同国家表现也不尽相同。高等教育内部和外部条件经久的磨合，使得各国具有不同的研究生教育模式，以德国为代表的欧洲国家，本科更早、更深入地进入专业教育，到研究生阶段主要围绕讲座教授或进入教授的科研小组。美国的情况则大为不同，研究生有大量的课程学习要求，在一些学院研究生的课程数量甚至多于本科生，如美国加州大学洛杉矶分校（University of California，Los Angeles，UCLA）化学系学生入学后，进入由系安排的制度化的环境，学习两年或两年以上必修和选修课程。新生可能还要参加科研小组，但是并不能因此逃避普遍的系的课程和学分要求。在头两年，占最重要地位的首先是课程学习②。从课程学习转到研究阶段的转折点是综合考试，对于自然科学领域的研究生而言，两年的课程学习与后面的科研是密切联系在一起的，而人文社会科学尤其是人文学科，二者的联系则相对松散一些。

二、美国大学的研究生课程

美国大学的研究生培养模式突出了课程的地位和重要作用，通

① 克拉克．研究生教育的科学研究基础．杭州：浙江教育出版社，2001：294-313.

② 克拉克．探究的场所——现代大学的科研和研究生教育．杭州：浙江教育出版社，2001：170.

过对该校相关学院学生和教师进行深度访谈，对美国大学研究生课程及其作用进行剖析。

(一) 访谈对象

访谈对象包括 UCLA 某社会科学学院（简称“J 学院”）的研究生和教师，其中研究生 4 位、教师 3 位。资料编号按照“资料类型-具体获得对象-资料提供者的代号-资料获取时间”进行存档。“资料类型”指半结构式访谈（I），“具体获得对象”包括教师（T）、学生（S）；资料按照访谈时间排序，并将老师和学生分别进行归档编号（见表 3-3）。

表 3-3　访谈对象情况

序号	资料编号	访谈对象	性别	访谈时间	访谈地点	时长（分钟）
1	I-S-D1-20131010	学生 D	女	10/10/2013	图书馆咖啡厅	66
2	I-S-R1-20131030	学生 R	男	10/30/2013	教室	35
3	I-S-L1-20131106	学生 L	女	11/06/2013	教室	19
4	I-S-S1-20131112	学生 S	女	11/12/2013	校园	69
5	I-T-P1-20131030	教师 P	女	10/30/2013	办公室	52
6	I-T-A1-20131113	教师 A	女	11/13/2013	办公室	50
7	I-T-W1-20131205	教师 W	男	12/05/2013	办公室	55

(二) J 学院的研究生课程

UCLA 是美国著名的公立研究型大学，在《美国新闻与世界报道》大学排行榜中排名前十，J 学院是 UCLA 第一所专业研究生学院，学院科研实力很强，同时也非常重视教学。

1. 课程类型

UCLA 研究生课程的课程代码为 200～299 和 500～599，学校课程表中列举了 10 种课程类型，包括活动课（Activity，ACT）、实习课（Clinic，CLI）、研讨课（Conference，CNF）、示范课（Demonstration，DEM）、讨论课（Discussion，DIS）、现场课（Fieldwork，FLD）、实验课（Laboratory，LAB）、讲授课（Lecture，LEC）、听力课（Listening，LSN）、测验课（Quiz，QIZ）。

J 学院的研究生课程有些独特之处，从教学方法上区分主要有以下四类，即讲授课、研究学徒课（Research Apprenticeship Course，RAC）、研讨课和实习课，其中研究学徒课属于讨论课的范畴；从内容上区分主要有理论课、方法课、研讨课和研究实习课。其中，RAC 课程很有特色，它是学生需求导向的，主要以讨论课的形式来展开，在形式上以教师辅导学生开展一些研究课题为主。学院并不要求每一位教授必须开设 RAC，但大多数教授都会开设。“研究学徒课并没有十分固定的课程安排，在学院教学进程的不同时期都有可能去设置该门课程。任何时候，如果学生需要安排此类课程只需要在在线课程表中查询以 288 开头的课程就可以进行选择了。”（教师 A）研究学徒课虽以学生需求为主，教师也会根据具体的课题内容提前布置相关的文献资料让学生课前预习了解，在课堂上大家就重点难点进行分析讨论。

当然，课程类型之间的差异是相对的，尤其是教学方法上的差异。教师 A 开设的研究方法课程在课程表上属于讲授课，她非常明确地指出：“课程之间应该有差异，但有时这种标签式的区分是错误的，例如，虽然这门课程是讲授课，我们开展起来却更像一个研讨课……课程的标签式区分的意义在于有些东西需要以讲授为主，特别是本科生的课程。而在我的研究生课程中，很多班级规模都很小，如 14 或 15 名学生；有时研讨课就是每个学生负责一部分教学，我引导、辅导他们上课，并领导讨论；所以研讨课是由我们所有人一起开展的……研究生课程更应该是研讨课，确实是这样的。”

2. 课程教学理念

J 学院基于多样性、合作精神、致力于解决现实问题和专业的要求，进行研究生课程设计，秉持以下课程教学理念：重视学生的智力与专业发展，致力于把学生培养成为杰出的学者、教师和专业人士；构建有教养、关怀的专业环境并促进每个个体的发展成长。

UCLA 的课程安排较为充分地体现了专业性、阶梯化、尊重学生选择意愿的特点。4 位接受访谈的同学都强调课程的专业性，表示“研究生教育是专业教育、专业性很强、专业核心课要求很细”，课程是“专业性地发展、讨论某个专门研究领域的成果”。同时，课程又是阶梯化和体系化的，为学生提供了较多的选择机会和选择自由。学生D表示，“无论是定性还是定量的方法课都是按照ABC划分成三个级别，我们需要选三门方法课，要求必须有一门是第二级别的也就是中级课程”，“299系列是博士论文写作课，博士一年级的春季学期开始上299-A，然后第二年的秋季，也就是第四个学期开始299-B和299-C，一共8学分。我会明年春天开始学A，然后到了秋季陆续学习B和C”。由此可见，学院课程设置的一大特点就是内容分级且实行选修，专业对课程的要求可以有灵活性，最大限度地实现学生的选课自由。

注重课程教学与科研的融合。通过恰当的课程设置，学生在课程中可以完成一个完整的项目，这促进了不同阶段学生的整体发展。J学院为研究生，主要是博士生专门设计了代码为299的系列课程，它属于实习课，非常受学生喜欢。教师W在访谈中说到自己刚刚参加了一个关于299系列课程的会议：“每个专业都有299系列课程，这门课专为博士生而开，因为它并不属于研究学徒课，所以和RAC是分开的。但是，它是实实在在的一门为期一年的课程，所以针对不同阶段，有299-A、299-B、299-C三种不同类型的细分课程存在。并非每个专业都以相同的方式上299课程，比如，在我所教授的这个方向，我会让A、B、C这三类课程贯穿于学生的整个学年。在秋天的时候，他们需要构思并设计一个研究项目，这是299-A；然后他们需要一起去做田间调查，这是299-B；最后，他们需要分析数据并撰写报告，这是299-C。所以，在一个完整的学年课程里，他们可以完成一个完整的项目。这样完成的论文并非学位论文，也还达不到学位论文的层次。但这种训练的重要之处在于，通过299课程，我们可以让这些博士生从头到尾体验一个完整的研究过程。就我对某某专业（J学院另一个专业）的了解，他们比较喜欢用299课程来帮助博士生完成学位论文开题报告。”教师P也表示“在299系列课程中，通过课程真的可以帮助学生开发自己的理论和发展自己的研究问题，然后学习开展一个研究项目；……我认为在研讨课中它更注重发展和照顾不同阶段的学生，并因为目标具体，你将能够完成一整个研究项目”。

3. 课程内容

（1）高深知识、学科前沿与跨学科。

高深知识、学科前沿与跨学科既是课程内容的核心特点，也是美国研究型大学研究生课程的要求与目标，学生与教师对这三方面的看法稍有不同。1）高深知识的要求受到教师和学生的高度认可：“高深知识意味着完美，我给 5 分”①，“研究生教育中的高深知识我打 5 分”。多数学生都提到了自己主要是希望从课程中获得高深知识，几位本科是其他专业的学生甚至认为自己几乎所有的专业知识都来自教师的课程教学。学生很喜欢具有挑战性的课程内容，其中，学生 L 谈道：“虽然数学也不是我非常感兴趣的领域，我修这门课有一个重要原因就是其他选择不多，但是没想到这门课的授课老师非常风趣幽默，同时使我了解很多之前并不了解的全新领域，这对于我来讲是一个非常大的挑战，每次上课都是新的知识，我们总是在尝试不同的东西，我很喜欢这样。”2）学科前沿仅次于高深知识，师生们纷纷给“前沿性 4 分”，毫无疑问它是研究生课程的重要特点，但“关于前沿性我想说的是，现在很多人都过多地关注前沿性，因此我们忘记了学习历史”（教师 A）。也就是说，前沿理论须与已有经验、理论、历史衔接。3）对于跨学科，教师、学生之间看法差异较大。教师 P 教授跨学科课程，她认为“学生根据他们在专业中的位置参与这些课程，因为他们只是在接受课程，不太清楚如何联结到其他领域……所以我给跨学科打 5 分”。而教师 A 专门教授研究方法类课程，她基于专业和高深知识的要求，认为跨学科是很难实现的，“跨学科只有 2 分，学生到不同的专业是为了学习不同的专业知识，而不同学科的知识体系是不同的，因此很难同时学习两个学科；举个例子，我如何能同时学心理学和人类学？这就如同学习两种不同的语言，因此我觉得要实现跨学科非常难。尽管在课程教学

① 访谈对象分别对高深知识、学科前沿、跨学科在研究生课程中的重要性进行打分，分为 1，2，3，4，5 五档，1 表示非常不赞同，5 表示非常赞同。

领域，我们会引入一些其他的学科知识，但是要做到深度理解不同的学科非常难”。

（2）阅读、研讨和写作。

阅读是J学院研究生课程的重要内容。教师A表示“会布置适量的课后阅读，同时也会设置任务阅读，而这些任务阅读都是为后期写作做准备的，都是涉及今后可以用到的知识，所以学生们一般都会认真阅读”，“同时这些任务阅读都是要检查的，而且话题很有趣，是学生们感兴趣的方向，所以参与度都挺高的”。而且，由于阅读目的在于理解或深度应用，所以学生的阅读积极性比较高，“学生可以有真实的选择，因为他们对某种事物真的很感兴趣，他们就可以以一种感兴趣的想法去阅读”（教师P）。教师会跟学生说“让我们谈谈你如何阅读这些文章”，通过引导学生互动、沟通、讨论来培养学生良好的习惯。

鼓励学生积极参与讨论。从讲授课到研讨课再到讨论课，J学院的课程体系是阶梯式的，鼓励学生不同程度地参与讨论。讲授课以教师讲授知识、提供信息为主，学生讨论为次；RAC是一种学徒制课程，属于UCLA的讨论课类型，以学生讨论为主，教师较少引导，学生自主性强，它是学生需求导向的课程；研讨课居于讲授课和讨论课之间，有更多的学生互动，每个学生都有机会参与有引导的讨论。“老师们引导讨论，每个人都有机会去讨论分享，他们会一直持续，比起老师，学生们会表现得更多，也会学得更多。虽然讲授课上老师的表现多于学生……但是主体部分还是讨论。”（学生R）

重视教师对学生的引导。学生积极参与讨论并不意味着教师可以完全放手，教师的角色是引导者，在与教师W的访谈中，他指出“在教学和学习的过程中，我是他们的建构者，所以学生不仅要通过阅读材料，而且要通过与教师、与其他人交流，来建构自己的理解”。而另一位教师A则表示“教师对学生的指导非常重要，教师需要引导学生思考，引导学生如何做自己的研究”。学生对教师的引导者角色也非常认同，学生D表示：“老师的教学大纲都是非常细致的，甚至你应该怎么做、怎么开展讨论、怎么提问题、提什么样的问题等，都会提前告诉你，老师非常希望你和他进行交流，只要你愿意的话，老师会努力地腾出时间来陪你聊天；老师很有一种服务意识，更多的时候老师觉得要为你服务，你要什么我来给你提供，你不用刻意向我靠拢；你只要告诉我你要干什么，我就会给你提供我的一切资源，你告诉我你的计划和进度，我就会一直和你保持联系。”

促进科研和写作。J 学院的研究生课程教学不仅仅传授知识，更重要的是强调与科研相结合，通过研究训练促进后面的科研和论文写作。学生 R 表示：“研究生课程教学的后半部分应该更注意科研训练而不是课程知识，应当转向训练这种实践的部分。可能在前期课程学习的过程中改变了一些东西，使得我们成了一个更优秀的人，但它的重点不在于我们怎么经历改变，而在于使我们可以继续这个方向的研究。”J 学院开设了研究学徒课和实习课，教师与学生一起讨论、经历论文的写作全过程，应用课程知识，训练科研技能，并解决实践问题。教师 W 对此非常认可：“是的，我也基本上是按照自己的想法教授研究学徒课。研究学徒课主要面向博士生，当然，我也会邀请一些硕士生参与博士生的课题并一起开展研究学徒课。我主持的学徒制课程并没有严格的形式，我会关注学生们在做什么，然后看看我能怎么样帮助他们解决研究中遇到的难题；我也会看看自己做了哪些研究，想想学生能从我的研究中学到点什么。是的，这个课程的开设的确能帮助学生们获得很多的技能。”

（3）批判性思维。

J 学院的研究生课程教学非常注重培养学生的创造性理解力和批判性思维。在访谈中，学生们很认真地指出自己努力学习、积极参与课程的原因除为课程支付了昂贵的学费之外，还在于他们需要批判性思维（学生 R、学生 L、学生 S）。教师 P 也指出：“这门课结束时，不只是告诉你关于这门学科的历史、基本的发展理论以及类似的东西，更多的是给你一种启发，告诉你我们的缺点在哪里，所以我觉得整个的教学过程更多的是在努力创建一个课程。学生被培育成为批判性思维者，去思考与社会不公正等问题相关的特定观点，以及你作为一个与社会正义相关的教育者的角色。…… 作为研究人员，我们已经在训练他们思考、真正参与和理解问题的能力，培养他们的思维模式在我看来在某种程度上是重于教学内容的。”

教师 W 提到了他通过课程培养学生批判性思维的方法：“对我而言，我说什么不重要，重要的是你要能够理解。于我而言，真正重要的是，每一个学生都能思考阅读材料的含义和它的作用，……学生需要融入这个材料，考虑它对自己的意义，并聆听他人的想法，这就是创造性理解。我认为大部分人都会同意这一观点，这就是批判性思维。”

“当你阅读任何资料，你不能仅仅去阅读事实或者它的内容，你必须带着批判性思维去阅读，然后你会思考——‘这项研究很不错，但是可能他们在设计这份研究时没有考虑到某个点’。”而教师 A 也有自己对如何培养学生批判性思维的思考：“我一般不常用‘批判性思维’一词，而当我试图教导学生在研究方案中确定一个逻辑的时候，在进行现场调查和分析证据的时候，我都会鼓励他们运用批判性思维。在教学过程中，我遇到过来自不同学院的学生，他们专注于不同的研究领域，这个时候，我更鼓励他们在小组作业时提出一些可能被其他专业同学认为是理所当然的假设性问题，在我看来，这也是批判性的思考。”

三、课程如何促进研究生培养

我国社会经济的发展提出了高水平人才的培养要求，研究生教育要培养创新型人才，课程要在知识基础、技能准备等方面为学生成长打下基础。可以从以下几个方面借鉴美国一流大学的研究生课程建设经验，推动研究生培养。

1. 课程的作用

准确定位课程在研究生培养中的作用，是研究生课程设计的重要前提。在美国大学的访谈中受访者对课程的角色进行了不同的描述，在对访谈内容进行概念化以后，研究者将课程的含义抽象为“知识-专业”“方法-思维-技能”“人际关系”等三个维度，“+”号的多少表示个案在某个维度上的访谈资料的丰富程度（见表3-4）。

表3-4　　课程的作用

	D	R	L	S	P	A	W
知识-专业	+++	+	+++	+		+++	+++
方法-思维-技能	+			++	+++		+++
人际关系	+++	++		++			

可见，首先，在研究生培养过程中，课程在知识、专业发展上的作用无疑是首要的；其次，教师和学生对思维能力、研究方法、专业技能也很重视；最后，学生们还很希望通过课程在人际关系方面获得发展，不同专业的学生有机会一起学习，不仅可以互相交流信息、沟通感情，甚至可能建立一生的友谊。因此，研究生课程必须注重在知识、能力、专业发展等几个方面的设计与建设，促进师生、生生之间的互动，构建学习共同体。

2. 课程内容建设

研究生课程应该是传递学科前沿领域和跨学科知识的课程。因此，大力强化课程内容建设是很关键的。立足我国高校课程教学的历史发展经验，创新基层学术组织制度，如建立学科带头人课程责任制、建立听课制度、让教师之间互相听课等，都会促进和推动课程内容建设。

3. 课程阅读——“我可以有一个想法”

对于“同一篇文章，他们可能并不知道很多的内容，但他们可以有一个更深层次的思考和探讨。在美国这样一个社会或美国人的观念里，总是认为个体可以有一个与他人不同的想法”，教师P认为这是美国研究生认真阅读的一个重要动机。因此，教师在课程教学中要培养学生的主动参与意识和独立思考能力，一定要为学生准备丰富的阅读资料，通过课前准备、查阅相关资料，帮助学生加深对讨论专题和内容的理解。教师的角色不是“权威的发布者”，而是引导者，教师要及时提供学生需要的服务。学生通过阅读、思考和创造性理解形成一种“我可以有一个想法”而非“我可以等着老师讲”的思维习惯。

4. 教师的付出

研究生课程水平的提高、学生批判性思维能力的提升，除了学生自身的努力之外，教师的付出也非常关键。教师A对教学很投入，她一半的工作时间都用在了教学上面：“如果把我的所有时间分成四等分，上课、批改作业和与学生的交流会占用我1/2的时间；在研究方面，我会保持写作，这大概会占用1/4的时间；剩下的1/4则是空闲时间。”另外两位教师也非常重视教学，教师P说：“对我来说，教学是我必须要做的事情，不得不说花费了我大量的时间。”她的日程安排是“周一教学，周二在家做研究，周三、周四是与学生见面、调查，还有会议”，“我在冬天教学更多，我的教学大多是在那时候，那时候我的日程表排满了课程、调查，我甚至无法写任何新的东西”。教师对课程的倾心付出，鼓励学生参与、服务于学生的课程学习，有助于教师与学生一起形成学习共同体，共同建构一门美好的课程。

第四章　课程与大学治理

如上章所述，课程与人才培养密切相关，课程通过传授高深知识、训练研究方法、提高写作水平、培养批判性思维等多种途径促进了创新型人才的培养。课程教学是大学的第一职能，也是大学治理体系的一个环节，课程问题的解决和课程创新都需要恰当的政策引导和积极的制度性支持框架，简言之，大学治理与课程建设密切相关，大学治理体系与治理能力会深刻影响课程教学的发展。

第一节　现代大学治理

21 世纪伊始，是中国经济走向新常态、社会发生剧烈转型的时期，也是中国高等教育从规模扩张走向质量提升，并建设高等教育强国的关键时期。从外部治理的角度看，政府与大学关系一直是我国高等教育发展之关键问题；现代大学治理就是要运用新的教育治理形式，提高政府在高等教育方面的治理能力，构建以“公共治理”而非“行政管理”为主要特征的政府与大学新型关系。正如欧洲大学联合会（European University Association）《格拉斯哥宣言》所强调的，新时期大学与政府的关系是：“政府必须强调信任和赋权，扮演好监督者（supervisor）而非管制者（regulator）的角色，为高等教育领域提供支持和指引。”从内部治理的角度看，校长是学校办学的灵魂人物，加强校长职业顶层设计，完善校长岗位的制度设计是推进大学治理的有效途径。

一、历史因素与比较经验

西方大学历经800多年的发展历史，于政府、市场之间发展出一套比较成熟的治理模式，在公共与市场、问责与绩效、管制与分权、治理与自由等维度有较为均衡的发展，促进了西方高等教育体系的发展与进步。在参考、借鉴西方大学发展模式的同时，要完善我国政府教育治理结构，提高政府教育治理能力和大学内部治理能力，更加注意现代与传统、国际经验与本土背景相结合的问题，尤其不能忽视以下三个重要的历史因素：

（1）公共生活的传统。按照费孝通的观点，我国的传统社会是一个以"己"为中心发展起来的差序格局的社会，人们习惯于和以自我为中心发展起来的社会联系，很少进行以社会团体为中心的公共交往①。人们熟悉的是以家、小家族、大家族、氏族等为单位的较为封闭的群体内活动，在这些边界清晰的群体内有明确的道德秩序、纪律、行为规范和相应的管理方式；而以城市、市民社会为背景产生的公共生活和公共治理理念，强调多方参与、公开透明、责任与义务等，于是在传统社会与城市社会，私人联系与公共生活，传统行为规范、管理方式与公共治理之间就需要搭建一个过渡的桥梁，在现代公共管理语境中这个桥梁就是政府的治理形式。

（2）社会发展模式的传统。几千年的农耕文明对我国的政治经济产生巨大影响，辽阔的国土也带来巨大的地域差异，社会发展模式也受到影响，因此，政府教育治理结构的完善需要考虑行政体制和社会管理的传统，就像欧洲大陆国家的政府与大学关系不会和英美的政府与大学关系雷同，欧洲大陆模式倾向政府主导、中央集权，英美模式更具有学校自治的传统。我国政府与大学新型关系也不能放弃自己的传统和特色，因而完善教育治理结构是要转变政府微观

① 费孝通．乡土中国．北京：北京大学出版社，2012.

管理、行政主导的状况，在中央政府治理和地方教育分权、政府治理和学校自主之间形成一种新的均衡。

(3) 现代大学制度传统。不同于欧洲中世纪大学的教师或学生行会自治组织、英国大学的“特许状”、美国的殖民地学院和赠地大学等模式，我国现代大学制度始于政府的制度设计，大学的权力大部分来自政府的放权和赋权，不曾拥有完全的自治权。19 世纪末，清政府为了挽救其风雨飘摇的统治，采纳洋务派的建议，废科举、兴学堂，创办新式大学，清政府对新式大学有完全的支配权；民国政府时期，奉行训育政策，大学尤其是公立大学成为民国政府的附属机构；新中国成立以后，很长一段时间实行计划经济，高教体制向苏联看齐，大学的教学活动完全根据政府的计划来安排，政府与大学是计划与被计划的关系。1985 年的《中共中央关于教育体制改革的决定》颁布之后，才开始了中央政府向地方政府分权、政府向大学放权的教育体制改革；1999 年的《高等教育法》以法律的形式明确了大学具有七项办学自主权，涉及招生、学科设置、教学、科研、文化交流与合作、人事、经费使用等方面，这七项权力基本都属于大学内部事务，虽然当时的发展还较为落后，但却反映了政府逐步扩大大学办学自主权的政策倾向。因此，现代大学制度在我国起源、发展的百年历史奠定了大学的地位和角色，描绘了政府在高等教育发展中的强势地位和主导作用，从而塑造着政府教育治理、政府与大学关系、大学内部治理的基本模式等。

二、治理与政府教育治理

1. 治理是什么

治理是一个涉及政治学、经济学、管理学等的多学科概念，英语中的“治理”(governance) 在古希腊语中具有“操舵”的意思，长期以来专门用于与“国家公务”相关的宪法或法律问题，又指对利害关系不同的多种特定机构或行业的管理活动；20 世纪 90 年代以后，西方学者赋予治理很多新的含义，其复兴的根源在于想克服社会科学中一些非此即彼的二分法，包括：经济学中的市场对等级制、政策研究中的市场对计划、政治学中的私对公①。联合国全球治理委员会（Commission on Global Governance）在1995年题为《我们的全球社区》（*Our Global Neighbourhood*）的报告中总结了治理的四大规定性特征：（1）治理不是一套规则条例，也不是一种活动，而是一个过程；（2）治理的建立不是以支配为基础，而是以调和为基础；（3）治理同时涉及公、私两类部门；（4）治理并不意味着一种正式制度，而确实有赖于持续的相互作用②。治理理论也在不断发展，20世纪90年代以后，公共管理领域出现了共同治理（网络治理）理论，认为信息时代网络影响了社会制度的每个层次和个体生活的每个角落，环境的变化引发了管理路径和方式的变革，原先以科层组织为基础，以股东会、董事会与经理层为主体的治理结构（新公共管理）向以中间组织状态为基础的网络治理方向演化，在分析政府与社会间的关系时，网络治理也称为“共同治理”③。共同治理超越了传统公共行政和新公共管理，从20世纪70年代的传统公共行政时期到80年代的新公共管理的治理时期，再到90年代的共同治理阶段，治理开始强调维持实现公共利益的系统而不是传送服务，强调能力而不是目标，强调各主体、各层次间的互动而不是管理者的选择，强调共同使命感而不是完成目标后的激励，强调提供菜单式弹性选择而不是严格限定参与组织④。

治理源自市民社会的发展，是公民不断扩大社会事务、公共领域参与程度的过程。作为一种公共管理的治理，以公共利益为目标，其本质是公共参与、公共治理的过程，强调互动、参与、多主体、协商、回应性等；从行政管理到公共治理就是一个实现更精简的政府、更多的治理的过程，涉及观念、目标、主体、应用领域、方法等一系列变革（见表4-1）。

---

① 俞可平．治理与善治．北京：社会科学文献出版社，2000：55-56.

② 同①271.

③ 张康之．公共行政学．北京：经济科学出版社，2010：380-381.

④ Gerry Stoker. Public Value Management：A New Narrative for Networked Governance?. American Review of Public Administration，2006，36（1）.

表 4-1　　　　从管理向治理的转变

	观念			目标	主体	应用领域	方法		
管理	行政	制度性概念	授权与责任	绩效目标	政府	公共领域	控制	规制	法制
治理	公共参与	社会性概念	协商与互动	公共利益	多主体	公共领域与私领域	服务	协商	法制与回应性

资料来源：程杞国. 从管理到治理：观念、逻辑、方法. 南京社会科学，2001 (9).

"公共治理"取代传统的"行政管理"，意味着理念转变和政策工具的重新选择，拉森（I. M. Larsen）等指出 20 世纪 80 年代中期以后，大学治理现代化已经进入大多数国家的政策议程，并推动了针对大学管理与领导的各项改革，他归纳了大学治理改革中的四大基本困境与矛盾：代议制民主与组织效率、一元管理结构与二元管理结构、机构决策中的内部影响和外部影响、自治大学中的集权与分权①。20 世纪 90 年代末以后，国内学者们开始重视对大学治理理论和变革模式的研究，主要观点包括：(1) 将知识管理确立为高校内部行政管理的核心内容，实现高校的组织形态从命令性的管理向合意性的治理的转变，从而超越传统科层制模式②；(2) 建立具备充分代表性的全体会议制度，并发展多种中间层次的联合参与机制③；(3) 改革校长职业顶层设计，提升大学内部管理公共性④；(4) 构建新型学者共同体实现模式，通过界定"党委领导、校长负责"的分工机制，剥离非学术型行政岗位负责人的职称头衔，改革大学校长的遴选制度，等等，来推进高校治理能力现代化⑤。已有的研究侧重于高校的内部治理结构，希冀通

① I. M. Larsen, P. Maassen, B. Stensaker. Four Basic Dilemmas in University Governance Reform. Higher Education Management and Policy, 2009, 21 (3).

② 雷珉. 论新公共管理与高校治理模式的转变. 行政法学研究，2006 (2).

③ 湛中乐，苏宇. 中国高等学校内部治理结构：基本原则与关键制度. 华中师范大学学报（人文社会科学版），2011 (5).

④ 胡莉芳. 公共性视域下的现代大学治理. 北京师范大学学报（社会科学版），2012 (4).

⑤ 马陆亭. 完善高等学校内部治理结构. 现代教育管理，2014 (7).

过对高校内部行政结构的改革来推进高校治理能力现代化，但外部治理的问题也很重要，从外部治理的角度探讨政府教育治理能力现代化的路径，有益于构建政府与大学的新型关系，内、外部治理的完善可以最大限度地促进大学发展与公共利益目标之间的协调。

2. 政府教育治理

如上所述，公共治理的主要目标是公共利益，在开放、公平、公正的理念下，如果以关键词的形式表示，其主要内容包括多主体互动、共同参与、协商、回应性、共同使命感等。大学治理包括内部治理和外部治理两个层面：内部治理主要涉及学校内部事务；外部治理主要涉及大学的外部关系，包括大学与政府、大学与市场、大学与社会的关系，其中一对主要的外部关系是政府与大学的关系，表现为政府的教育治理。根据上文中对治理内涵的界定，借鉴全球治理委员会对治理特征的规定，我们认为政府教育治理属于公共治理，是指政府管理教育事务的诸多方式的总和，既有制度性方式，也有协调性举措；既有法制规制，也有互动性回应。教育治理应当体现多主体互动、共同参与、协商、回应性、共同使命感等内容。政府对教育治理形式的选择反映了政策的偏好，塑造着政府与大学关系的基本形态。当前，政府对教育治理形式的偏好正在发生变化，开始从行政组织监督下的微观控制与服务转变为强调高等教育公共服务的竞争机制、多方参与（非政府或市场的单一主体），并确保对学生需求的回应、多主体互动、提供弹性选择、实现公共利益等。

三、运用新的教育治理形式，完善政府教育治理

《中共中央关于全面深化改革若干重大问题的决定》（2013 年 11 月 15 日）提出推进国家治理体系和治理能力现代化，这为政府教育治理结构完善、教育治理能力提高，政府与大学新型关系构建提供了大的政策背景。从政府的角度看，治理能力的提高使治理的合法性、透明性、有效性、回应性得以增强；从大学的角度

看，治理能力的提高意味着可以依法自主办学，可以公开公平地参与、协商大学事务，并接受公众的监督和问责。换言之，政府与大学的新型关系是以“公共治理”而非“行政管理”为基本特征，政府应转变角色与职能，运用新的教育治理形式，构建新的外部治理结构。

（一）教育治理理念下的政府与大学新型关系

在教育治理理念下，政府与大学关系从传统的“行政管理”转向“公共治理”，更具互动性、协商性、多主体参与、竞争性、选择性等特征。在这种关系模式中，政府的角色是法治政府、有限政府与有效政府，大学通过互动、协商、竞争、选择等参与治理过程，其主要特征表现为：（1）教育治理否定政府的不当干预与过多干预，政府小了，行政少了，治理就多了；（2）教育治理不是消除政府的作用，政府运用新的治理形式成为有效政府；（3）教育治理理念下的有限政府、有效政府的前提是法治政府，以法律规范政府的角色、职能和行为；（4）在教育治理过程中，大学维持自身的能力（教学、科研与社会服务），以主体身份参与大学治理，不仅是行政管理与微观控制的接受者，还需和政府互动，并与政府建立共同的使命感；（5）教育治理是一个开放的过程，学生、家长、专家、校友、社会贤达、捐赠者等利益相关者以及第三方都可以通过适当的机制参与大学治理。

（二）运用新的教育治理形式，促进政府与大学新型关系的构建

教育治理形式在实践中可以具体化为制定法律法规、管理公共经费、开展项目建设、签订合同契约、管理人力资源等，体现为一整套紧密相连、相互协调的制度化与非制度化的治理体系及其执行力。作为政府治理能力的反映，教育治理形式把政府和大学以某种方式联系在一起，在构建政府与大学新型关系、完善政府教育治理中发挥重要的作用。

1. 依法行政，完善相关法律法规——法治政府

在政府与大学的新型关系中，政府首先是法治政府，因此依法行政是政府教育治理体系和治理能力现代化的首义，体现为完善

各种高等教育相关法律法规。除了修改、完善已有的教育法律法规之外，还可以考虑制定高等教育法律法规实施细则等配套性法规，规范大学外部治理，形成较为完善的高等教育法律制度体系。

当前，推动大学章程的建设成为政府进行高等教育治理、促进高校自主办学的有力举措，毋庸置疑，大学章程在高等教育治理中具有核心作用，但它更适于规范学校内部治理。2012 年 1 月 1 日，教育部施行《高等学校章程制定暂行办法》，规定高等学校的举办者、主管教育行政部门应当按照政校分开、管办分离的原则，以章程明确界定与学校的关系，明确学校的办学方向与发展原则，落实举办者权利义务，保障学校的办学自主权。2013 年底教育部首批核准了六所大学章程①，其主要内容是规范了学校内部的治理架构，包括学校党委、校长、人才培养委员会、学术委员会、学位评定委员会、教职工代表大会、教学支撑与服务部门等，同时，也涉及对学校的外部关系的规范，比如学校与政府的关系、学校与社会的关系等。然而，一些国家是由类似高等教育法、高等教育法实施细则、大学法等教育单行法律来明确大学的外部治理关系②。

2. 放权与问责相结合——有限政府与有效政府

在政府与大学的新型关系中，政府要放权给学校，赋予大学更多的自主权。在经费使用、人才培养、课程教学、人事制度等方面，政府与大学的边界应该是清晰的。当然，政府在放权之后就必须向大学问责：一方面，政府放权后，对大学的管理方式从控制转为协调，这就意味着同时要向学校问责；另一方面，大学接受了大量公共资助，有接受问责的义务。教育问责已成为现代政府对大学实行公共治理的有效模式，制定标准、开展绩效评估是政府问责的两种方式。

---

① 根据教育部公布的数据，截至 2017 年 1 月 16 日，教育部核准了 113 所高校章程。

② 如德国《柏林高等学校法》与柏林洪堡大学宪章，日本《国立大学法人法》与东京大学宪章，俄罗斯《大学法》与莫斯科国立大学章程等。

（1）国家教育的基本标准。

建立国家教育基本标准，可以规范大学办学，降低政府微观管理的主观性和随意性，减少不必要的行政干预。推动国家教育基本标准的建立和完善，是政府转变职能、提供高等教育基本公共服务的第二种模式选择。比如，美国政府于1994年建立了国家技能标准委员会（National Skill Standards Board，NSSB），描述了各职业领域的工作职责、任务和行为标准，确定成功履行不同任务所需的知识、技术和能力，其对美国社区学院的职业教育课程开发有很强的指导性。目前，政府对大学的师生比、教师学历学位、生均教学行政用房、生均教学仪器设备、生均图书等基本办学条件有具体要求，这些指标主要是用来核定普通高校年度招生规模，在引导学校提升办学质量方面还存在很大的可以完善的空间。以师生比为例，2004年教育部颁布实施的《普通高等学校基本办学条件指标（试行)》按照本科和高职两个层次，将学校类别分为综合、师范、民族院校，工科、农、林院校，医学院校，语文、财经、政法院校，体育院校，以及艺术院校六类，设立了分层次、分类型的师生比标准，实际上，这种分类是很粗略的，因为学科之间的差异往往大于学校类型的差异，如果能够按照学科来区分，针对性和指导意义会更强。

国家教育基本标准应该是一个系列，包括普通高校设置标准、基本办学条件指标、专业设置标准、课程标准、质量评估标准等，并且应该向公众开放。标准的设立既要有政府的视角，又要兼顾对大学和市场的关切，更要考虑公共教育利益；既要从宏观、整体利益出发，还要兼顾教师、学生的利益。国家教育基本标准只有以公共利益为纲，充分考虑教育利益相关者的利益，引进社会监督机制，才能使标准具公共性、引领性和可行性。

（2）绩效评估。

绩效评估是把评估与财政拨款相结合，评估结果直接影响拨款的额度，它强调大学对于公共教育资金的责任，使得高等教育预算问题从“政府应当为大学做什么”转向“（获得财政支持的）大学应当为其国家或政府做什么”①。也就是说，大学不能总是提要求，在获得投入和自治权的同时，必须承担对公共资金的责任。

政府问责大学有几个重要条件：首先，政府应该加大相关信息的公开力度。信息公开的实质就是资源的开放，要推进教育财政预算、公共资源配置、重大建设项目批准和实施等领域的信息公开。其次，政府应建立制度化的监督和检测机制。最后，也是最重要的是政府实行分权和问责以后，大学必须完善内部治理，否则容易陷入一收就紧、一放就乱的管理困境。

四、加强校长职业顶层设计，完善大学内部治理

校长在学校科层组织中处于最高层级，是大学运行的中枢系统。从历史的角度看，1912 年，民国政府颁布的《大学令》就规定：大学设校长一人，总辖大学全部事务；各科设学长一人，主持一科事务。大学设评议会、教授会，审议学术事务②。民国大学校长拥有最高权力，评议会和教授会是否拥有学校事务的决策权均取决于校长。相比之下，美国大学实行“校长治校、教授治学”，董事会是大学的最高权力机构，主要成员是社会名流和校友；董事会组成遴选委员会遴选校长，校长一经任命，根据董事会授权拥有治校的自主权，负责学校的发展、筹款、公共关系和联邦或州的关系等事宜。

当然，由于会受到环境变迁、组织次系统、专家群体自主性等各种因素的影响，应该对校长角色少一些“英雄主义”的期待。但是，无论如何，面对复杂的外部环境和多样化的大学内部组织，21 世纪的大学校长依然发挥着学术领导、行政领导、企业经营者、政治协调者的作用。从大学的现状看，由于资金和竞争的压力，校长的办学权、校长作为大学 CEO 的角色，在世界各国有不断强化的趋势，并且根据《中华人民共和国高等教育法》的规

---

① J. C. Burke，A. M. Serban. Performance Funding for Public Higher Education：Fad or Trend. New Directions for Institutional Research，1998 (97)：1-108.

② 舒新城. 中国近代教育史资料. 中册. 北京：人民教育出版社，1961：648-649.

定，我国公立大学实行党委领导下的校长负责制，校长是学校的法定代表和主要负责人，在学校决策和管理上有着较大的权力与职责，因此校长职业的制度设计对于大学内部治理完善具有重要意义。

1. 任职要求明确

大学校长的职业设计始于明确的任职要求，他或她应该具有较好的学术成就或学术声誉，同时具有经营大学的战略眼光和能力，具有较强的行政管理能力。澳大利亚国立大学明文规定，校长应是一名杰出、超凡的学术领导；美国哈佛大学要求校长候选人掌握科学的决策知识，多谋善断，遇事当机立断，透过复杂现象抓住问题的本质，做出正确的决策①。

2. 遴选程序公开

在遴选程序中，政府、教师、学生、校友等利益相关者应该以合适的方式参与。根据高等教育管理体制的不同，国外大学校长的遴选一般由政府或董事会组织建立遴选委员会负责大学校长的遴选，教师、学生代表通过咨询委员会、监察委员会等形式参与遴选过程，公立大学校长最后还须通过政府委任产生。在美国，遴选校长是大学董事会最重要的职责和权力，其成员一般是兼职，他们另有要职，不收取工资，以代表公众利益。巴黎高师校长的产生是由遴选委员会呈报 3 名候选人给负责高等教育的政府部长，部长从中确定 1 位人选。柏林大学校长的遴选程序是：（1）学术评议会提出获得 1/3 成员支持的校长人选建议；（2）监察委员会有权驳回学术评议会建议一次；（3）学术评议会表决通过校长人选；（4）该校长人选需要获得大学师生员工代表会的多数票通过；（5）最终校长人选须得到柏林州政府评议会的委任②。

3. 职责、任期和薪酬体系制度化

大学校长的职责应该是明确而具体的，不管是学术领导、行政者、企业家还是政治家的角色，明确责任和权力可以减少模糊和矛

---

①② 钟秉林，周海涛．世界一流大学的校长选聘机制及其启示——世界一流大学校长管理比较研究．国家教育行政学院学报，2011（8）．

盾的情况，不但有利于大学发展，也有利于制定相应的问责机制，促进校长成长。华盛顿大学的校长聘用合同规定了校长职责，董事会每年对校长进行业绩考核，并根据业绩对基础年薪进行重新评估，校长还要随时接受董事会的书面和口头质询①。

任期和薪酬设计是校长权利的重要内容，美国大学校长的平均任期是 8.5 年②，并且一般无固定任期，无最长年限规定，无法定退休年龄，比如马里兰大学的前校长莫特（C. D. Mote）任职 12 年后于 2010 年 8 月 31 日退休，当时他已经 73 岁③。我国大学校长一般只能连任一期，并且有退休年龄规定，平均任期是 4.1 年（2006 年）。如果任期太短，会使得大学只有校长战略，没有学校战略，大学发展缺乏长远战略。

除了任期，薪酬设计也是校长履职的重要保障，薪酬应该是一个体系，包括基本工资、延付报酬、保险、福利等，相关的待遇也可以绩效化。美国大学校长普遍高薪，2000—2001 学年有资格授予博士学位的研究型私立大学校长的平均年薪是 35.6 万美元，这得益于私人基金会的捐助，公立大学校长的收入与私立大学基本持平④。2009 年，华盛顿大学校长的年薪是 62 万美元，除拥有与其他教授一样的福利待遇之外，在职期间董事会还提供 30 多万美元的保险。另外，该校校长的薪酬体系还包括一套延付报酬机制，校长上任一年后，学校每年划拨 25 万美元到一个专门账户上，如果正常完成合同任期，就可立即得到这笔钱；如果丧失工作能力或死亡，则由校长指定的受益人享有；如果因违反合同而离职，则丧失对这笔钱的所

① Employment Contract-University President. (2009-09-03). http://seattletimes.nwsource.com/ABPub/2009/09/03/2009803540.pdf.

② 据美国教育协会（American Council on Education）2007 年的统计，美国现有 3 600 多所经过认证的大学的校长任期正在逐渐增长，1986 年平均任期是 6.3 年，2001 年是 6.6 年，2007 年是 8.5 年。College Presidents' Tenure Grows. http://www.post-gazette.com/pg/07043/761380-298.stm.

③ Mote to Retire Aug. 31 as University of Maryland President. http://www.newsdesk.umd.edu/uniini/release.cfm? ArticleID=2080.

④ http://www.thecrimson.com/article/2002/11/19/harvard-paid-president-less-than-most/.

有权[①]。完善的薪酬体系设计可以保障校长应有的待遇，从而鼓励校长专注于学校发展，认真履行工作职责。

4. 形成制衡机制

通过健全教授委员会、教师代表大会等专家群体的职能和工作制度，使学术权力民主化，有利于形成对以校长为代表的行政权力的制衡。20世纪60年代，随着对高等教育经费的激烈争夺，美国各州和学校行政人员的权力发展起来，但同时大学组织内的学科力量也在加强，它同职业的专门化一起构成了国家的高等教育系统，教师所投的“不信任票”甚至可以导致校长的下台。2006年，美国哈佛大学校长萨默斯就因文理学院教授连续两次投下“不信任票”而被迫辞职。教授、学术协会、教师工会等力量共同迫使大学组织结构朝着多样化和分权化的方向发展[②]。

5. 设立校长卸任机制

大学校长在一定程度上是一个“高危职业”，因为对一个享有良好学术声誉的教授而言，如果十年专注于校长这一行政职务，以后就很难再回到学术和专业领域，因此，有些大学参照企业的“金色降落伞”制度，对大学校长进行退职补偿，以保障校长在任期内的工作质量和职务的平稳过渡。美国大学一般参照市场上对类似岗位的规定制定校长卸任后的待遇，包括延付报酬等，另外，校长都会获得终身教职，卸任后还可选择继续在学校教书育人。

第二节 “双一流”建设背景下的研究生课程治理

世界一流大学和一流学科建设的根本是立德树人，要培养大批拔尖创新人才。拔尖创新人才的培养和成长离不开学科建设、专业优化调整和课程建设，其中，课程治理是最重要也是最容易被忽视

---

① Employment Contract-University President.(2009-09-03). http://seattletimes.nwsource.com/ABPub/2009/09/03/2009803540.pdf.

② 范德格拉夫，等．学术权力——七国高等教育管理体制比较．杭州：浙江教育出版社，2003：128.

的环节。2017 年 7 月，我国设立了国家教材委员会，负责审查国家课程设置和课程标准制定相关工作，这是国家层面的课程治理，使得课程设置和实施在制度上获得强有力的保障；在建设世界一流大学的过程中，很多大学也开始把课程作为建设的重点项目，如南京大学的“十百千”优质课程建设计划，针对国际、国内和校级分别建设十门、百门和千门优质课程；学校、院系层面的课程治理对人才培养具有重要影响。

一、“双一流”建设

20 世纪 90 年代中期开始的“211 工程”主要是建设重点学科，90 年代末开始的“985 工程”，从一期到三期主要是建设世界一流大学，提升我国大学的国际影响力；2015 年 8 月 18 日，中央全面深化改革领导小组通过了《统筹推进世界一流大学和一流学科建设总体方案》（简称《总体方案》），10 月 24 日国务院印发《总体方案》，规定“双一流”建设以中国特色、世界一流为核心，以立德树人为根本，以支撑创新驱动发展战略、服务经济社会发展为导向，坚持“以一流为目标、以学科为基础、以绩效为杠杆、以改革为动力”的基本原则，加快建成一批世界一流大学和一流学科。

1. “双一流”建设与“211 工程”和“985 工程”具有连续性

这种连续性主要体现在两个方面：一是基于国家社会经济发展需要的连续性①。从 20 世纪 90 年代开始，我国开始加快建设社会主义市场经济，2010 年我国 GDP 已跃居全球第二，2015 年人均 GDP 超过了 8 000 美元，2013 年进出口贸易总额跃居全球第一，近几年提出“一带一路”倡议，国家经济发展走向开放、走向全球化。社会经济的快速发展在人才、科研、思想文化等方面对高等教育提出了越来越高的要求，要求大学加快创新、提高国际影响力并为经济社会提供强大支撑，这种对高等教育发展的要求是连贯的、接续的。

---

① 谢维和．“双一流”建设与教育学的责任．探索与争鸣，2016（7）．

二是高等教育发展的连续性。发展是解决我国高等教育主要矛盾的必由之路；是进一步释放高等教育红利、解决我国高等教育长期存在的数量不足、水平不高的问题的根本路径；在长远上是要建成科类齐全，层次、比例合理的现代高等教育体系，在规模、质量上达到与我国经济实力和社会需求相当的水平①。

首先，在发展的规模方面，由于21世纪伊始高等教育开始扩招，高等教育毛入学率从2003年的15%增长到2016年的42.7%，预计2020年左右达到50%，进入高等教育普及化时代。高等教育在规模上的持续发展，基本满足了社会经济发展和人民群众对高等教育的需求。其次，在发展的质量方面，一方面，通过21世纪初的高等教育管理体制改革，协调中央和部门办学以及地方管理的问题，完善了高等教育宏观管理体制，在类型结构、区域结构、行业结构等方面构建了较为完善的高等教育体系；另一方面，颁布实施建设世界一流大学的政策。我国有重点大学建设的传统，这种传统与我国的国情相适应，是中国特色高等教育发展事业的重要组成部分。最后，在发展的历史方面，1954年公布了6所全国首批重点大学，1959年增加到16所，1960年重点大学数量增加到64所；改革开放之初略有减少，“七五”规划期间（1984年公布）确定了10所重点建设大学和15所重点投资建设大学；1995年开始的“211工程”大学有110多所，1998年开始的“985工程”大学有38所，到2017年，在“双一流”建设名单中，一流大学建设高校有42所，一流学科建设高校有95所。我国重点大学建设的政策历经60多年的历史，集中有限的教育资源优先办好了一批基础较好的大学，以先进带动后进，以重点带动整体，促进了我国高等教育整体水平的提高。

2. “双一流”建设与“211工程”和“985工程”的时代差异

“双一流”建设与“211工程”和“985工程”具有连续性，但又是对这两项政策的统筹与完善。由于国家经济发展阶段、高等教

① 中国特色高等教育思想体系研究课题组. 中国特色高等教育思想体系论纲. 北京：高等教育出版社，2017：13.

育发展规模水平的不同，“双一流”建设与“211工程”“985工程”存在时代差异，这种差异主要体现在：(1)从“影响力”到“竞争力”。“985工程”“211工程”主要是提升我国大学、学科的国际影响力，“双一流”建设的目标是“提升我国高等教育综合实力和国际竞争力”。(2)从“跻身世界一流”到“中国特色、世界一流”。跻身世界一流，追求的是一种世界一流的共性和一些普遍的标准与要求，在此基础上“双一流”建设提倡我们建设的世界一流大学要有中国特色，即成长在中国文化、中国国情之中，具有世界一流大学的共同标准，能适应并引领中国社会经济发展①。

3.“双一流”建设的文本分析

《总体方案》中首先明确了“双一流”建设的任务，即世界一流大学、一流学科的主要目标或标志是：(1)有一流的师资队伍；(2)培养大批拔尖创新人才；(3)高水平的科学研究；(4)传承创新优秀文化；(5)推进成果转化，把科研成果转化为先进生产力。这五项主要任务要求一流大学培养的人才是创新型、应用型、复合型的，是具有历史使命感和社会责任感的。高水平的科学研究要以国家重大需求为导向，为经济社会发展和国家战略实施做出重要贡献，把成果转化为社会生产力。同时要传承优秀文化，引领社会进步。

为实现上述目标，《总体方案》指出要在加强和改进党对高校的领导、完善内部治理结构、实现关键环节突破、构建社会参与机制、推进国际交流合作、财政支持、多元投入、绩效评价、中央和地方政府支持等多方面推进改革，以对建设目标的实现提供支持和保障。在《总体方案》文本中，多次出现“党委领导下的校长负责制”“章程”“依法自主办学”“社会支持和监督学校发展的长效机制”“协商、合作机制”“绩效导向”“第三方评价”“政府、社会、学校相结合的共建机制”等关键词，这些概念所反映的不是传统的行政管理思维，而是一种法治、协商、多方参与、合作共治的现代治理理念。

① 谢维和.“双一流”建设与教育学的责任.探索与争鸣，2016(7).

二、研究生课程的特点

1. 研究生教育的历史与现状

高等教育内部和外部不同的历史条件塑造了各国不同的研究生教育模式。如美国大学具有较高的研究生教育水平，美国研究生教育的产生方式包括以下几种：(1) 直接创建研究生院，如约翰·霍普金斯大学和克拉克大学；(2) 通过创办一所新大学，建立研究生院，如斯坦福大学、芝加哥大学；(3) 把研究生院纳入原有的私立大学，如哈佛大学、哥伦比亚大学；(4) 州立大学也逐渐有了研究生院[①]。在我国，按照清末时的《奏定大学章程》(1904 年)，京师大学堂已经在分科大学堂之上设立通儒院，在培养方式上规定“不上堂，不计时刻”，“通儒院生但在斋舍研究，随时请业请益，无讲堂功课”，这时候的通儒院生毕业即可获得一官半职。民国时期研究生教育逐渐起步，《大学令》将大学院设立的宗旨改为“研究学术之蕴奥”，规定“大学院研究生在院研究，有新发明或重要之著述；经大学评议会或教授会认为合格者，得遵照学位令授予学位”。后相继模仿德、日、美、法等国的高等教育制度，创办了一些研究院和研究所；1937 年之前，民国设有两个独立研究机构——“中央研究院”和“北平研究院”，此外还有 12 所大学设立了研究学部，研究所有 22 个，到 1945 年研究所增长到 49 个[②]；即使如此，民国的研究生教育也是非常薄弱的，1949 年前仅有 232 人获得硕士学位。新中国成立以后，在十分困难的条件下研究生教育打下了发展的基础，1950 年招收研究生 874 人，学制为 1～3 年；1951 年，采取保送、审查批准等办法，共招收研究生 1 273 人[③]；1966—1978 年，研究生教育中断了 12 年；改革开放之后，《中华人民共和国学位条例》(1980 年) 和《中华人民共和国学位条例暂行实施办法》(1981 年) 的批准实施，促进了研究生教育的快速发展；在 20 世纪 90 年代大

① 克拉克. 研究生教育的科学研究基础. 杭州：浙江教育出版社，2001：262.

② 曲士培. 中国大学教育发展史. 太原：山西教育出版社，1993：522，541.

③ 中华人民共和国教育部. 共和国教育 50 年. 北京：北京师范大学出版社，1999：376.

学扩招过程中，研究生培养的规模也开始扩大，同时专业学位研究生教育也发展起来，丰富了研究生人才培养的类型。到 2016 年，我国共有研究生培养机构 793 个，研究生招生 66.71 万人，在籍研究生 198.11 万人，其中，在籍博士生 34.2 万人，在籍硕士生 163.9 万人①。

研究生教育的历史和现状各不相同，研究生培养的结构和类型也差异很大，但研究生培养的内在要求却是基本相同的，就是要培养各行各业的拔尖创新人才，培养高层次的劳动者和建设者。在研究生培养过程中，课程是极为重要的环节，然而，大学办学中存在的两种现象，使得研究生课程在实践中往往被忽视。

（1）重视本科课程，忽视研究生课程。

大学更重视本科课程建设和本科人才培养模式改革，研究生教育似乎被认为是学科的领地和院系的特权。以教学委员会为例，在我国研究型大学中教学委员会并不是必须设立的机构，有些设立教学委员会的大学也明确教学委员会仅负责本科课程教学工作，如南京大学和哈尔滨工业大学等。伯顿·克拉克就指出美国大学改革只把注意力集中在本科生教育上，研究生教育被忽视；批评者也不研究科研和教学之间、本科生教育和研究生教育之间的联系和互补性，只看到破坏性的竞争。

（2）重视科研，忽视研究生课程。

在竞争过程中，大学总是朝着综合性、研究型、更多的科研与学术发表的方向发展，极易产生“科研漂移”和“教学漂移”的现象，科研与教学相脱离。科研被放在专门的平台上，这些平台有各种名称，如研究院、研究中心、创新中心等，它们往往脱离了原有的培养研究生的院系组织，脱离了课程与教学。因为创新、生产力转化的需求，科研在大学受重视的趋势是不可逆转的，如何把科研平台与教学组织完美地衔接起来，是研究生教育发展面临的一个重要挑战。

---

① 2016 年全国教育事业发展统计公报. 中华人民共和国教育部官网，2017-07-10.

2. 研究生课程的特点

(1) 高深的知识。约翰·布鲁贝克认为高等教育的合法性之一来自它对高深知识的探讨，高深学问忠实于真理，不仅要求绝对忠实于客观事实，而且要尽力做到理论简洁、解释有力、概念文雅、逻辑严密①。在高等教育大众化、普及化的时代，本科教育越来越承载着完成大众化教学、普及教育的任务，深奥的知识、高阶的教学任务被放在研究生阶段，高阶的教学和科研相结合彰显了研究生课程在高深知识方面的特征。

(2) 前沿性。一方面，19 世纪洪堡对柏林大学进行改革之后，科研成为大学的一项重要职能，教学和科研的结合成为大学事业的中心原则，因此，支撑科研的研究生课程必定要站在学科知识的前沿；另一方面，相对于本科阶段强调文化素质教育或通识教育，研究生阶段主要是一种专业教育，研究生课程是学科知识的集群，而新型知识的不断承认和扩展，使得研究生课程必须紧跟学科前沿，反映科学家、学者最新的研究成果，这种课程对于研究生而言极具挑战性。

(3) 跨学科。每一门学科的基础都是被概念的探究所支配，跨学科的概念化方式可以为研究生课程提供一种提纲挈领式的结构，从而有利于创新②。除了从知识的角度来论证研究生课程的跨学科要求，实际上学生的发展、人才培养的竞争、社会问题的跨学科性也给课程施加了跨学科的压力。相对于本科生，研究生虽然没有通识课程的要求，却同样面临丰富知识、开阔视野的压力，因为越来越多的研究生毕业以后并没有从事学术工作。当然，与其说这是一种“教育过度”现象，还不如说是职业要求变化的结果。因此，研究生课程应该是跨学科的，通过跨学科课程可以培养学生突破专业壁垒的能力，使学生在论文撰写阶段获得更广博的知识。

(4) 以探究为基础。如果说高深知识、前沿性、跨学科是对研

---

① 布鲁贝克. 高等教育哲学. 杭州：浙江教育出版社，2002：14.

② 同①109-114.

究生课程内容的描述，探究则更多是从方法上界定研究生课程的特点，以探究为基础的研究生课程把科研、教学、学习结合在了一起。在探究的过程中，研究生深度参与学习的过程，他们可能是问题的提出者，论点的发表者、诘难者、论辩者；教师则经常扮演引导者、辅导者的角色。

三、研究生课程治理的经验与问题

作为大学内部治理体系的一个组成部分，在课程建设中也存在治理问题。课程开发阶段的资源投入、审议与批准，课程发展阶段的计划与修订，课程结构的平衡，课程实施阶段的落实与评估，等等，不仅影响课程的学术价值、开设价值、教学效果，而且关系到人才培养模式的整体运作机制。

（一）美国的研究生课程治理

1. 研究生课程增设快

不同于德国大学在“科研中训练”的研究生培养传统，在美国的专业研究生院，研究生前两年的时间主要用于课程学习。研究生阶段大量的课程学习也成为院系聘请教授的一个依据，因此院系有增设课程的强烈动机，结果是出现一大批特色各异的基础课程和专门研究课程，即使本科生的人数比研究生多许多倍，研究生课程在绝对数量上常常等于或者超过本科阶段所提供的课程。卡内基教学促进基金会（Carnegie Foundation for the Advancement of Teaching）在20世纪70年代进行的一项大学概况研究中获得了令人惊讶的课程数据，按照卡内基的分类法，不同类型的大学和学院在本科阶段和研究生阶段分别设置的有标题的课程的平均数基本上是逐级下降的（见表4－2），在最著名的50所大学（研究型大学I）中研究生课程占课程总数的47.2%，在能授予博士学位的大学中，研究生课程的平均比重为40.2%[①]。

---

① 克拉克．探究的场所——现代大学的科研和研究生教育．杭州：浙江教育出版社，2001：172-173.

表 4-2　美国大学和学院的本科生和研究生课程统计（1977 年）

大学类型	每校平均课程数			
	课程总数	本科生课程数	研究生课程数	研究生课程比例
研究型大学Ⅰ	4 517	2 385	2 132	47.2%
研究型大学Ⅱ	4 039	2 285	1 754	43.4%
授予博士学位大学Ⅰ	2 878	1 835	1 043	36.2%
授予博士学位大学Ⅱ	2 683	1 767	916	34.1%
综合大学和学院Ⅰ	1 524	1 226	298	19.6%
综合大学和学院Ⅱ	982	874	108	11.0%
文理学院Ⅰ	591	579	12	2.0%
文理学院Ⅱ	504	501	3	0.6%
两年制学院	463	463	0	0%

资料来源：克拉克．探究的场所——现代大学的科研和研究生教育．杭州：浙江教育出版社，2001：173.

2. 研究生培养规模扩大，硕士培养人数增长突出

美国研究生课程的最新统计数据较难获得，但美国国家教育统计中心（NCES）① 每年发布的教育统计数据详细统计了不同学位类型的研究生规模和结构情况，学位类型可以在一定程度上反映不同学科课程体系的变化。20 世纪 70 年代以后，美国研究生规模持续扩大，从图 4-1 中可以看出，1971—2009 年，硕士学位规模的增长曲线与研究生规模增长曲线基本相同，可以认为，研究生规模的增长主要表现为硕士学位规模的增长；2012 年，美国研究生学位授予总人数是 92.4 万，其中，硕士 75.4 万，占比 82%；博士 17 万，占比 18%。从各类型学位所涉及的学科类别来看，学术性学位主要集中在文、史、哲、数、理、化、生、地等传统基础学科，专业学位则主要集中在医学、法律、教育、工商管理、工程、农业等学科。

① 本节美国研究生数据除特别注明以外，皆来自美国国家教育统计中心三份主要的年度报告——《教育状况》(The Condition of Education)、《教育统计摘要》(Digest of Education Statistics) 和《教育统计规划》(Projects of Education Statistics)。

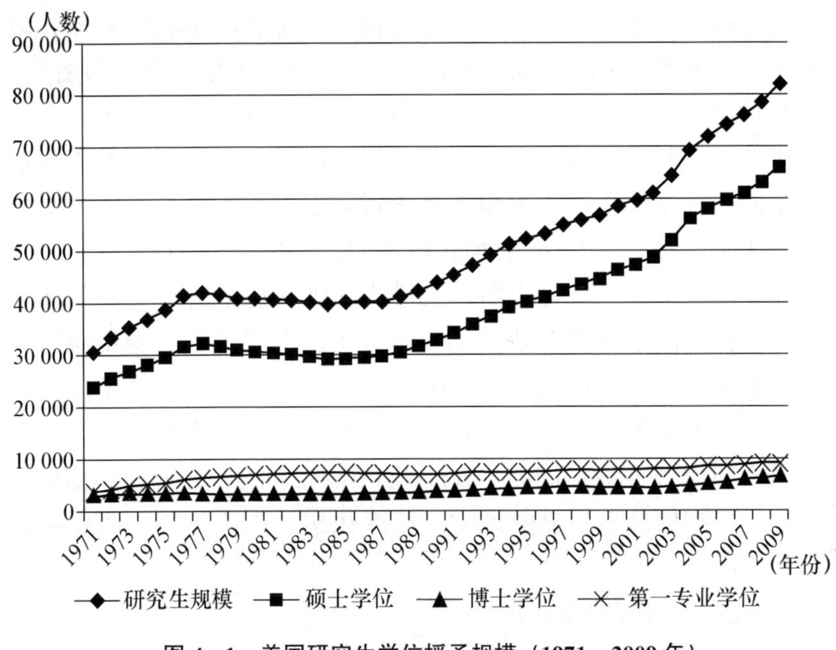

图 4-1　美国研究生学位授予规模（1971—2009 年）

3. 以应用性和专业学位教育为主，教育学和工商管理学学位授予规模较大

依据学科专业分类系统，美国研究生学位授予数量排名靠前的基本都是以专业学位教育为主的学科，也就是说，美国的专业学位研究生教育是非常发达的。美国教育部从 1980 年开始颁布学科专业分类系统，中间进行了两次修订，2002 年的系统中有 38 个学科群；2000—2012 年，从各学科群授予硕士学位的人数来看，教育学和工商管理学授予硕士学位的规模分列第一、第二①，排在后面的依次是医疗卫生与临床科学、工学、公共管理与社会服务，这 5 个学科群都是以应用型和专业学位教育为主；2000—2012 年，从各学科群授予博士学位的人数来看，医疗卫生与临床科学、法学与法律职业授予的规模分列第一、第二，排在后面的依次是教育学、工学、生物

① 1971—2010 年，美国硕士学位数量中，教育学学位授予规模一直排名第一，从 2011 年开始，工商管理学超过教育学，成为授予硕士学位规模第一的学科群。

学与生物医学，这5个学科群中除生物学与生物医学属于理学，以学术型学位教育为主，其他也都是以应用型和专业学位教育为主。

4. 学科群学位授予类型不断分化，跨学科专业学位兴起

部分学科群不断增设下属学科，如“法学与法律职业”学科群从原来的不分设学科改为分设5个学科，而工程类的专业硕士学位2008年共有4个，2012年增加至13个①。一些交叉学科专业、跨学科专业、新兴学科专业也不断加入进来，极大地丰富了美国专业学位研究生教育的学科和专业类别。如历史遗产保护学、老年病学等属于交叉学科群；应用人类学、应用史学、应用哲学等属于跨学科专业学位；近年来兴起的新型跨学科专业学位研究生教育，如专业科学硕士学位（Professional Science Master's Degree）开设诸如生物工艺学、生物信息学、金融数学、计算化学、法医化学、商用物理等培养方向。

5. 完善的课程审批制度

在课程治理方面，美国大学的经验是建立完整的课程审批制度，这种审批制度的基础是在系、学院、学校建立了一个不同层次的课程委员会（见图4-2）。课程的设立、调整或取消，通常由具有相关意向的教师提出申请，提请系、学院和学校的各级课程委员会和行政管理者审批，通过之后才可以正式开设；因此，一个课程提案从提出申请到经过审批，最后进入大学课程目录，往往需要一至两年的时间②。

（二）我国大学研究生课程治理的经验

1. 《关于实施高等学校课程改革的决定》——建立高等学校课程教学的基本制度

新中国成立时，高等教育工作的中心任务是改造旧的教育、建

① 张建功，张振刚. 美国专业学位研究生教育的学位结构及启示. 高等教育研究，2008 (7)；张秀峰，高益民. 美国专业学位教育体系结构及其专业性特征. 现代教育管理，2014 (5).

② 叶信治，等. 美国公立研究型大学教育质量保证研究. 厦门：厦门大学出版社，2015：99.

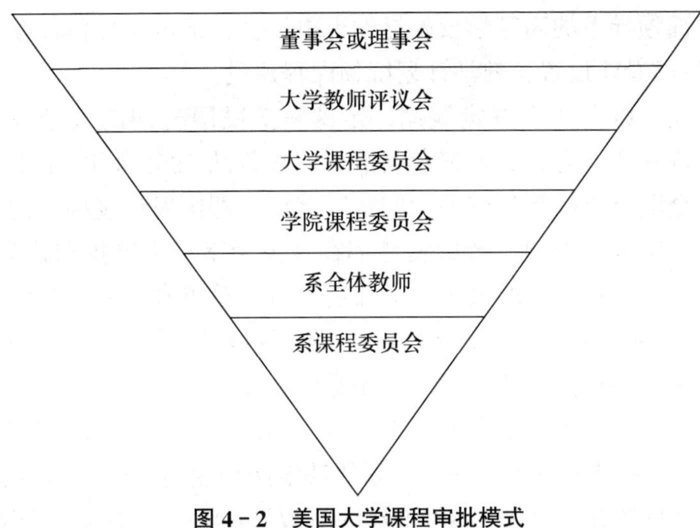

图 4-2　美国大学课程审批模式

资料来源：叶信治，等. 美国公立研究型大学教育质量保证研究. 厦门：厦门大学出版社，2015：101.

设新教育，其中，课程改革是重要内容之一和主要途径之一。1950年7月，第一次全国高等教育会议通过的五项草案之一就是《关于实施高等学校课程改革的决定》（简称《决定》），这份文件对课程内容、教学计划、教学方法、教材等进行了规定，建立了高等学校课程教学的基本制度，对新中国成立以后至“文化大革命”之前高等学校的课程建设产生了重要影响。文件规定：（1）根据《中国人民政治协商会议共同纲领》的要求，改革课程并使之成为新民主主义的、民族的、科学的、大众的；改革是有计划有步骤的，达到理论与实际的一致。（2）开设新民主主义的革命的政治课程。（3）建立了课程教学的基本单位，以学系为培养专门人才的教学单位，课程要适当专门化，同时要注意各学科的互相联系和衔接。（4）课程开设要依据国家建设的实际需要，不应因人设课。（5）加强教学与实际的结合。（6）规定以学期为基础的教学制度，高等学校修业年限为3～5年，每学期的实际授课时间需满17周，学生每周学习时间为44～50小时。（7）提高课程质量，主要课程应设立教学研究指导组，教师之间互助以改进教学的内容与方法。（8）为加强课程教学质量，成立教育部领导下的高等学校教材编审委员会，编审教材和参考书[①]。

2. 以专业设置、教学计划统领课程建设

首先，以专业设置定编制、定课程。民国时期的大学只有院、系，不设专业，有计划地按专业培养人才是从1952年开始的。1961年召开全国重点高等学校的“四定”会议，即定发展规模、定学制、定专业、定人员编制。会后教育部在《关于审定全国重点高等学校发展规模和专业设置的报告》中确定了专业设置和专业调整的原则。1963年，国家修订全国高等教育通用专业目录，此后高校开始用专业来确定、调整、管理教师编制和课程设置。

其次，以教学计划替代课程方案。1952年开始，由于向苏联学习，高等学校管理基本以教学计划代替了课程建设，教育部规定全国大学要实行教育部制订的各专业统一的教学计划；1953年，全国高校各类专业实行统一教学计划、教学大纲和统编教材；1958年虽然决定将教学规划职责下放给高校，但1961年的《中华人民共和国教育部直属高等学校暂行工作条例（草案）》（简称“高教六十条”）明确规定高校必须按照教育部制订或批准的教学方案、教学计划组织教学工作。

3. 教学研究室和系的组织架构

按专业设置建立系，按一门或几门课设置教学研究室，基本建立了从单门课到课程体系，再到培养计划的课程建设组织架构。从1950年开始，我国高校建立了教研组和教研室，教师之间互助备课、听课。然而，教师互助听课这一制度现在已经式微，鉴于其对提高教学学术水平、提高教学质量的良好实践价值，它应作为今后大学的一项基本教学制度予以巩固[②]；教研组、教研室作为学校治理的基础组织，是大学工作以课程教学为中心的体现，也是培养师资、加强课程建设、进行教学研究的重要制度设计。

四、研究生课程治理体系的建构

自20世纪50年代以来，专业设置、专业调整、专业建设一直

① 关于实施高等学校课程改革的决定. 人民教育，1950（5）.

② 谢维和. 相互听课：大学教学的学术规范. 中国大学教学，2013（11）.

是我国高等教育管理和高等学校发展的一个重要内容，《普通高等学校本科专业目录》规定专业划分、名称及所属门类，是专业设置和调整、人才培养、招生、学位授予、就业、教育统计等工作的重要依据，也是课程设置和调整的重要依据；20 世纪 90 年代开始，由于“211 工程”和“985 工程”的实施，高校对科研越来越重视，学科也成为高校管理、课程建设的另一个重要依据。也就是说，从 20 世纪 50 年代到 21 世纪初，高等学校发展每到一个关键时期，其专业建设、学科发展就会成为政府教育外部治理的主要制度路径，从而也成为高校内部治理的主要依据。建构研究生课程治理体系，既要关注高校学科、专业管理的特点，又要引进新的治理理念和治理路径，使课程、专业、学科相互协调起来。

自 2015 年起，研究型大学明确了“双一流”建设的任务要求，并分三个阶段制定了时间表，其中将“基本建成高等教育强国”这一目标的兑现时间定为 21 世纪中叶。高等教育强国建设必定提出治理体系和治理能力现代化的要求，课程治理也要依法依规推进。按照第一章对课程概念的讨论，广义的课程概念是分层次的：在制度、地区、学校三个层次各有其意，重在讨论课程的内容及其背后的思想、文化；在教室、个人（教师、学生）两个层次，重在教师和学习者。也就是说，对于高等学校的课程问题，国家、制度、学校层面的课程责任主要在于课程标准、课程内容和课程理念等方面；学校、教师、个人层面的课程责任则在于教学内容、方法、课程实施与课程评价等方面。因此，在建构课程治理体系时，一方面，要避免就课程谈课程，因为课程是一个涉及政策、制度、学校、教师、学生等多种因素的复杂体；另一方面，要注意不同主体、不同层次的课程治理其侧重点是不同的。具体而言，研究生课程治理体系的建构可以从以下几方面着手：

1. 研究生课程政策：建构学科、专业、课程的协同体系

是否或如何开设一门研究生课程，不是哪一位教师可以决定的，也不是通过教师集体协商就万事大吉了。课程理念涉及培养

目标、学科特色、专业要求，课程组织形式涉及院系、教师、学生，课程物质环境涉及教室、经费、实验室投入，课程利益相关者有社区、用人单位，不可谓不复杂。因此，政府层次的课程政策是有必要的。

政府制定课程政策，是一个协商、平衡的过程。派纳等人认为课程政策作为权威的组织，在多个层面发挥功能：（1）政策为政府——中央政府和地方政府建立教育事业相关标准和程序，以处理与教育有关的事务以及政府和学校的关系；（2）教育政策可以建构教育消费者与学校的关系；（3）教育政策还可以在经济、组织方面实现对政府的监督。课程政策关注学校学科设置、课程标准制定，以及对“什么知识最有价值”的问题进行权威回答①。教育部于 2014 年 12 月发布《教育部关于改进和加强研究生课程建设的意见》，全文从 10 个方面对课程建设提出了要求，包括明确研究生课程建设的意义、强化培养单位的课程建设责任、构建满足培养需要的课程体系、规范课程的审查机制、加强选课管理、改进研究生课程教学、完善课程考核制度、提高教师教学能力和水平、加强课程教学管理与监督、强化政策和条件保障等。文件强调以培养目标和学位要求为课程设计的根本依据，按一级学科设置课程，设置跨学科课程，增加方法类、研讨类和实践类课程。在教材方面，20 世纪 50 年代由教育部领导的高等学校教材编审委员会负责；2017 年新设国务院领导下的国家教材委员会，委员会成员包括各相关部委负责人和课程专家、教育专家等，进一步明确了国家层面的课程、教材治理思路。

2. 学校内部治理：建立课程审议制度

高校内部治理应以建立课程审议制度为目标，以院系、学校等不同层次的课程或教学委员会来协调课程问题。

一是院系层次的课程审议制度。院系是 19 世纪末开始发展起来的，它使高等教育学校在内部广泛采纳了专业研究生院设置，为研

---

① 派纳，雷诺兹，斯莱特里，陶伯曼. 理解课程（下）. 北京：教育科学出版社，2003：690.

究生教学的分散和划片提供了一个灵活的组织结构①。院系层次的课程审议制度应该是一个共同治理的制度设计，教师提出开课意向，由院系课程或教学委员会进行审议后提交教师代表大会讨论，并可视不同情况提交学校课程或教学委员会审定或批准。在建立课程审议制度的过程中，院系可以建立自己的协会组织，讨论共同关心的课程和研究生培养问题。如美国一些大学在 1961 年建立了研究生院理事会（Council of Graduate Schools，CGS），负责举行年会并出版一些委员会报告。

二是学校层次的课程审批制度。课程需要经费支持，涉及教室、实验室等各类资源，与学校的人才培养理念、学科发展和专业建设都有关系，因此，一些课程需要由学校课程或教学委员会审批。课程审批的标准包括学术标准、需求标准、资源标准、节约标准和政治标准②，一门课程是否能够设立，首先取决于它的学术质量，取决于它是否传递高深知识，是否具有挑战性、前沿性等；其次要受到学生个人偏好和院系、学校发展需求的制约，当然，课程还不能与国家的价值观、文化、课程标准等相悖。关于学校层面的课程治理问题，走在世界一流大学建设行列的大学可能更有紧迫感。例如，除了学校教学委员会之外，清华大学在 2012 年成立了研究生课程专家组，37 位专家按学科专业开展课程调研和“好课”研究，2017 年，第二届研究生课程专家组有 55 位专家，围绕公共课、专业课、国际化课程、课程体系和教学模式五个模块，对博士生课程的深度和硕士生课程的分类培养进行探讨，目标是梳理课程在研究生培养中的地位，建立高质量和高挑战性的研究生课程体系。

3. 教师参与治理：加强课程设计

有效的研究生教育系统由成千上万个实验室和讨论班组成，是促进研究生教育的微环境。研究生课程治理的问题也是如此，它虽然涉及政府的课程政策和学校的内部治理，但最核心的是教师参与

① 克拉克. 研究生教育的科学研究基础. 杭州：浙江教育出版社，2001：263.

② 叶信治，等. 美国公立研究型大学教育质量保证研究. 厦门：厦门大学出版社，2015：107-108.

和教师课程构建能力的提升，教师不仅要在自己的课堂上具备有效的教学能力，还应该具备学科层面的课程建设能力：一方面，教师通过各级课程或教学委员会、学术委员会等组织参与课程审议，另一方面，教师加大对课程开发与设计的投入。20 世纪 60 年代，“高教六十条”明确指定教师的职称是指教师的教学职别，包括教授、副教授、讲师、助教等，确认和提升要根据教学任务、教学质量和学术水平，体现的是对教师教学的重视。然而在当下科研至上、论文第一的氛围中，教师在课程教学方面的参与和投入却是有限和薄弱的。

现代大学来自中世纪的教师行会大学，学生行会的大学消失了，只有教师行会的大学生存了下来，因此，教师参与大学治理具有天然优势。这种优势在各国的具体情况也不一样：德国大学教授治校，讲座教授具有较大的治理权力；日本的国立大学与德国的情况类似；美国大学教师参与治理是在一战以后，即在美国大学教授协会（American Association of University Professors，AAUP）关于大学教师权利的相关准则被广泛认可之后。在那之前，治理学校的权力基本被董事会、校长垄断。教师参与治理主要集中在课程教学方面，在 2001 年 AAUP 做的一项关于“全美高校教师参与治理情况”的调查中发现，关于课程内容，有 62.79%的受访者认为是由教师主导的，30.54%的受访者认为是由教师与行政平衡参与的；关于学位要求的设定，有 54.24%的受访者认为是由教师主导的，36.8%的受访者认为是由教师与行政平衡参与的。在这两项与课程教学关系最密切的事项中，教师享有相对较大的治理权力。然而，中国高校教师参与课程治理的程度和主观意愿不强，根据 2001 年一项针对国内 56 所高水平大学的 6 000 多个样本的教师调查，在对研究、教学、管理、校外咨询服务的偏好排序中，66.3%的教师把研究排在了第一位，有 25.3%选择教学，有 6.3%选择管理，选择校外服务的有 2.1%①。因此，在我国高校推动教师参与研

① 阎光才. 高校教师参与治理的困惑及其现实内涵. 中国高教研究，2017 (7).

究生课程治理具有较强的实践价值，其中最重要的是加强课程开发和课程设计。

研究生课程开发与设计除了课程内容的要求之外，课程大纲也具有标志性意义。课程大纲作为教学工具具有四个重要的作用：第一，具有契约的作用。课程大纲中的课堂程序、作业、考试评分、出席规定是教师和学生之间的协议。第二，是沟通的工具。课程大纲表达了教师的课程教学意向和经验，在教师和学生之间建立了一种沟通机制。第三，是关于课程目标、内容、组织、教学和学习策略的一系列决定和信息。第四，是认知的图标。课程大纲是一份认知地图，可以引导学生系统地进行学习。因此，课程大纲是教学的重要组成部分，反映教师在课程设计上的投入，包括时间、精力、反思和学术研究等①。表 4－3 以中国香港中文大学、美国加州大学洛杉矶分校教育学课程为例，分析了课程大纲的主要内容。由表 4－3 可知，课程目的、教学方案、推荐文献等是这两份课程大纲中的必备和重点内容，其中，教学方案非常详细，以周为单位列明主要的课程进度和内容；阅读与参考文献也是非常具体的，或以周为单位列明，或以专题为单位列明。

表 4－3　中国香港中文大学与美国加州大学洛杉矶分校教育类某课程大纲主要内容

<table>
<tr><th colspan="2">中国香港中文大学课程与教学系某专业基础课</th><th colspan="2">美国加州大学洛杉矶分校教育学院某研究方法课</th></tr>
<tr><td rowspan="2">1. 课程目的</td><td>核心目的</td><td rowspan="2">1. 课程目的</td><td>课程简介与适应对象</td></tr>
<tr><td>延展目的</td><td>具体目的</td></tr>
<tr><td colspan="2" rowspan="2">2. 课程的特性：与不同学科的关系</td><td rowspan="2">2. 必读科目</td><td>需要购买的</td></tr>
<tr><td>课程网站提供的</td></tr>
<tr><td colspan="2">3. 教学方案（以周为单位）</td><td colspan="2">3. 推荐文献</td></tr>
<tr><td rowspan="2">4. 教与学的过程</td><td>教师的信念与角色</td><td colspan="2" rowspan="3">4. 阅读、作业和专题日程表（以周为单位）</td></tr>
<tr><td>学生的信念与角色</td></tr>
<tr><td colspan="2">5. 教与学的影响因素分析</td></tr>
</table>

① K. Matejka，L. B. Kurke，Designing A Great Syllabus. College Teaching，1994，42 (3)；黄显华，霍秉坤，徐慧璇. 现代学习与教学论：性质、关系和研究. 北京：人民教育出版社，2014：1127－1129.

续前表

中国香港中文大学课程与教学系某专业基础课		美国加州大学洛杉矶分校教育学院某研究方法课	
6. 评估方法（比重）	参与（8%）	5. 评估方法（比重）	出勤、参与和小作业（30%）
	小组习作（28%）		概念框架（20%）
	期中评估（7%）		草稿（20%）
	论文（50%）		终稿（30%）
7. 论文评分标准		6. 关于写作的支持	
8. 第 4 至 7 节课的习题		7. 关于抄袭的规定	
9. 从习题经验中反思论文的处理方案		8. 关于住宿的规定	
10. 阅读与参考文献			

资料来源：黄显华，霍秉坤，徐慧璇. 现代学习与教学论：性质、关系和研究. 北京：人民教育出版社，2014：1131-1147. 美国加州大学洛杉矶分校课程资料由作者根据 2013 年秋季访学资料整理而成。

第五章　课程创新之新生研讨课

人才培养的竞争压力和课程治理所提供的制度性支持，推动了课程在内容、形式和模式等方面的创新。其中，新生研讨课是国内很多大学在本科阶段所采用的一种新课程形式，慕课也成为应对优质课程资源不足、提高课程教学效果、缓解竞争压力的高等教育课程创新。本书第五章和第六章将分别论述这两类课程创新现象。

第一节　哈佛与耶鲁的新生研讨课

他山之石，可以攻玉。在历史悠久、享誉国际的世界一流大学哈佛大学和耶鲁大学，新生研讨课作为本科通识课程之外的一种学术性课程形式，在课程结构中占有重要地位，是美国大学重视本科生教育、不断创新本科人才培养模式的重要体现。新生研讨课在课程内容、教学方式、课程管理、课程支持制度建设等方面有许多经验和做法值得我国借鉴。

一、人才培养理念

哈佛大学建校初期一直以英国大学为样板，旨在培养牧师、律师、政府官员等专门人才，教学、人才培养是其最重要的职能。直到 19 世纪末，受到洪堡大学的影响，经时任校长艾略特的努力，科学研究开始成为哈佛大学的主要目标之一。

1. 本科课程体系通专结合

从19世纪末开始，艾略特、洛厄尔、科南特、博克、陆登庭、萨默斯等历任校长都致力于推动本科课程改革，以学生为中心，改革目标包括促进学生的选择性、灵活性，培养学生独立思考能力，让学生成为一个完整的人、有教养的人。1978年罗索夫斯基领导哈佛大学进行核心课程模式改革，提出“一个有教养的人”应有五项标准，即清晰而有效地思考和写作，对自然、社会和人文有批判性的了解，了解历史和其他文化，了解和思考道德和伦理问题，对某一知识领域有深入研究。基于对社会变革的深刻剖析，哈佛大学本科课程体系历经多次变革，但是以学生为中心的办学理念没有变，课程体系通专结合，本科一、二年级主修通识课程，学生在第三个学期末确定专业，三年级以后进行有专业导向的课程学习，同时规定本科一年级必须住在由学校安排的宿舍，住宿学院有辅导员提供生活和学习指导。

2. 培养学生独立思考、批判和解决问题的能力

哈佛大学的理念就是要创造知识，努力促使学生向知识敞开心灵，并且让学生最充分地利用教育机会。因此，学校非常注意培养学生独立思考、批判和解决问题的能力，并以此为教学之重点。博克校长批评一些教师一味地讲课和指定大量的课外阅读作业，给学生留下独立思考的时间太少，这不利于发展学生的推理能力。因此，他指出，“现在已到了认真考虑成倍地给学生增加机会，让他们考虑疑难问题的解决办法的时候了。这种教学方法需要更加积极的课堂讨论，需要培养教师用苏格拉底教学法进行教学，并要多给学生布置启发其思维发展的写作题目，考试题目也要注意启发思维”。哈佛大学本科生教育常用的教学方法有讲授、讨论、辅导、实验、角色扮演、案例研究、模拟法庭、独立学习等。在教学过程中，教师注重为学生创造一个宽松自由的学习环境，鼓励学生独立思考，培养学生分析问题和解决问题的能力①。

① 刘宝存. 哈佛大学办学理念探析. 外国教育研究，2003 (1).

3. 与时俱进的创新精神

哈佛大学的成功得益于它悠久的历史、优越的地理位置，但最关键的是它成功挑选了历任校长，哈佛大学历史上几乎每一位校长都曾推进本科课程改革和创新，如 1869—1909 年担任校长的化学家艾略特全面实行选修制；1909—1933 年担任校长的洛厄尔推行分配与集中选课制和本科住宿制度；1933—1953 年担任校长的科南特在任期内发表《通识教育红皮书》，把培养完整的人作为本科培养目标；1971—1991 年担任校长的德里克·博克推出“威尔逊报告”，提出哈佛大学要培养有教养的人，确定通识教育核心课程模式——共同基础课；2001 年，萨默斯上任后的一个重要议题就是推动本科课程改革；2009 年秋季，在福斯特的主持下哈佛大学又实行了新的通识核心课程计划，2015 年 11 月，哈佛大学通识教育审核委员会发布了通识教育审核最终报告。哈佛大学正是通过持续的课程改革保障教学质量，推动本科生教育不断攀登高峰。

二、新生研讨课

新生研讨课是哈佛大学和耶鲁大学推进本科课程建设、实现人才培养目标的重要举措。

(一) 哈佛大学的新生研讨课

1. 哈佛大学的课程要求

哈佛大学从三个方面对本科生提出了基本要求，即应具备宽广的知识基础（博识）、对某个专门领域有深入了解、具备现代社会所需的某些专门技能。对应三个要求，本科生课程体系包括核心课程要求（2009 年秋季以后更名为“通识教育计划”）、专业要求（the concentration requirement）、写作和外语。这一课程体系主要由四大模块构成：通识教育、新生研讨课和住宿学院研讨课、81 个方向的专业课程、研究生通识教育研讨课，其中，研究生通识教育研讨课是根据新的通识教育计划要求，专门为研究生设计的通识教育讨论会。因此，本科课程主要指前面三个模块，哈佛大学主要提供第一、第二个模块的本科课程，其中就包括新生研讨课。所有学生必须完成 32 个学分的“半课程”[1]，才能获得学士学位。

关于通识课程。哈佛大学从 2009 年秋季开始实行新通识教育项目，要求学生在 8 个不同领域各选择 1 门总计 8 门“半课程”，这 8 个领域分别是审美与诠释、文化与信仰、实证与数学推理、伦理推理、生命系统科学、物理宇宙科学、世界中的社会和世界中的美国；另外，所有的学生必须在第一年完成写作课，在第三年之前完成语言课。通识教育、写作和外语总计 9～11 个“半课程”，占总学分的 30％～35％。

关于本科专业。从第三个学期末开始，学生才可以选择专业[2]，通常有 45 个方向，其中包括几个跨学科项目。大多数专业要求 12～14 个“半课程”，大约占总学分的 50％。

关于选修课。根据不同的专业选择、是否获得荣誉学位等因素，对每一个学生选修课数量的要求是不同的。本科生选择选修课的作用是攻读第二学位，学习第二外语，促进海外学习，深入推进课程学习或某一领域的研究，为研究生阶段做准备，或者探索其他感兴趣的知识领域。

关于研讨课。研讨课不属于通识课程，它是哈佛大学为本科生提供的一种课程形式，主要包括新生研讨课和住宿学院研讨课，不同的研讨课服务于不同的教学对象。其中，住宿学院研讨课由各个住宿学院开办，是从不同方面对现有课程进行补充，包括对教学方法、主题范围和深度的拓展，对学生特别需求的回应，等等；评分方式包括给出学分等级或者调查满意/不满意。而哈佛大学设立新生研讨课的初衷是为了提供小班教学，促进新生和教授最快、最密切的接触，因此，它不是熟悉大学生活的适应性课程，也不同于住宿学院研讨课，是一种有学分要求的学术

---

① 按上课时间区分，哈佛大学有三种课程形式：“半课程”（时间为一个学期的课程）、“年课程”（时间为一学年的课程）、“多年课程”（时间超过一学年的课程）。

② http://www. college. harvard. edu/icb/icb. do? keyword = k61161&pageid = icb. page284442.

性课程。

2. 新生研讨课

1888年波士顿大学首次开设新生教育课程，至1930年大约有1/3的美国大学或学院开设了此类课程①。哈佛大学新生研讨课创立于1959年，1963年被正式定为由哈佛学院提供的一种学术性课程形式；它不同于住宿学院研讨课，目的是让大学生进入大学以后尽快与资深教授进行密切接触和沟通，养成批判和理性思维，它也不是一种熟悉大学生活的适应性课程，而是有学分的学术性课程。2012年，《哈佛学院课程回顾》提出了哈佛大学本科课程的改进方向，包括通识教育项目取代已存在30年的核心课程、为学生提供更多海外学习的机会、探索研究型学习、改革第一学年语言要求、拓展专业之外的第二领域学习等，其中，在第一学年提供更多小型新生研讨课是研讨课努力的重点方向之一。

（1）课程内容与课程结构。

2011—2012学年秋季学期，哈佛学院开设了85门新生研讨课，一般为12～15人，平均约14人（见表5-1）②。课程既包含自然科学领域的内容，如微生物、物理与应用物理系新生研究实验室、外科手术简史等等，也有社会科学领域的内容，如证人席——美国法庭的科学证据、翻译的创造性工作、美国总统竞选和选举1960—2012年等，还有人文学科领域的内容，如狄更斯在美国、比较历史神话、伟大的犹太经典等等，还有很多是跨学科领域的内容，如分子生物学的艺术与政治、美国科学和医学上的民族概念、中国石窟中的佛教——身体、时间和宇宙等。除了西方文化，课程还涉及非西方文化内容。这些新生研讨课从不同角度对大量社会问题和文化问题进行了理性、批判性探讨，学生可以就感兴趣的主题与教师充分交流，从而丰富自己的知识和智

① 林冬华．美国新生研讨课全国调查20年：背景、发展与启示．中国高教研究，2011(11).

② http://www.freshmanseminars.college.harvard.edu/icb/icb.do?keyword=k61681&tabgroupid=icb.tabgroup138909.

力体验。在2017—2018学年，哈佛大学计划提供141门新生研讨课。

表5-1　哈佛学院2011—2012学年秋季新生研讨课

序号	课程名称	学生人数	序号	课程名称	学生人数
1	材料、能源与社会	15	18	了解心理发展、障碍及治疗：通过文献和研究的学习	12
2	微生物	12	19	世界舞台上的原子核	12
3	计算改进	15	20	责任、大脑和行为	15
4	分子生物学的艺术与政治	12	21	精神病是什么？	12
5	植物和气候变化	15	22	血液：充满暴力的荣耀	10
6	帆船的科学	12	23	心血管疾病在发展中国家的负担：一种沉默的流行病	15
7	人类的大脑	15	24	科学、历史和剧场	15
8	运动中的大肠杆菌	15	25	生命是生命？	15
9	营养和公共卫生	15	26	好创意	30
10	进化的军备竞赛——从基因到社团	12	27	乔治·巴兰钦：俄罗斯-美国大师	15
11	物理与应用物理系新生研究实验室	12	28	《汤姆叔叔的小屋》和《白鲸》	15
12	外科手术简史	15	29	日本诗欣赏：阅读、写作和翻译	15
13	美国儿童健康	12	30	怀疑和知识	15
14	认识查尔斯·达尔文	12	31	美容及基督教	12
15	传染病对历史和社会的影响	15	32	古代野兽和自然历史	12
16	证人席——美国法庭的科学证据	15	33	它意味着什么：人本主义调查简介	12
17	你吃的食物塑造了你	15	34	动画——及时放上你的手	12

续前表

序号	课程名称	学生人数	序号	课程名称	学生人数
35	全球流行音乐	15	54	爱尔兰20世纪冲突和革命叙事	15
36	中国石窟中的佛教——身体、时间和宇宙	15	55	美国总统竞选和选举1960—2012年	15
37	艺术作品中的复杂性：《尤利西斯》和《哈姆雷特》	12	56	世界主义和全球化：拉美的视角	15
38	哈佛艺术博物馆中文艺复兴时期的艺术和科学：展览及其形成	15	57	战争法和关于恐怖主义的战争	15
39	女孩谈：对美国社会性别与青年的反思	12	58	理想与现实之间的人类权利	15
40	语言和史前历史	14	59	身心问题	15
41	美是什么？	15	60	美国人的身体	12
42	表演艺术与技艺	14	61	哲学和心理分析中的幸福	15
43	上瘾的故事	15	62	宗教心理学	15
44	翻译的创造性工作	15	63	21世纪的性别、民族与种族	15
45	狄更斯在美国	15	64	你的道德感来自哪里？	15
46	比较历史神话	15	65	法庭上的网络空间：互联网法	15
47	神、神话和仪式：古希腊的多神教	15	66	全球气候变化的公共政策分析	14
48	即兴理论与实践	12	67	尼安德特人与人类进化理论	12
49	美国异议	12	68	历史和文化中的原子弹	15
50	伟大的犹太经典	15	69	美国科学和医学上的民族概念	15
51	艾米莉·狄金森的诗	12	70	欧洲历史上的诺曼：维京人、诺曼、诺曼征服和成就	15
52	电影理论与实践	12	71	德国人和他们的历史	12
53	文学理论和文化研究简介：如何像一位大学教授一样阅读	15	72	和平与战争中的人类权利	15

续前表

序号	课程名称	学生人数	序号	课程名称	学生人数
73	历史与记忆	15	80	从墨索里尼到今天的法西斯主义	15
74	美国种族隔离制度：居留地、飞地和民族聚居区的社会动力学	12	81	政治合法性和阻力：1587年10月23日晚蒙田图书馆发生了什么事？为什么要在意政治哲学家？	12
75	销售机构：人类的全球运输——从强迫劳动到细胞被盗	15	82	创伤后应激障碍：一段历史遭遇	15
76	科幻：我们如何想象后人类？	15	83	测量心灵：心理测试的创建和批判	15
77	测绘大英帝国	15	84	爱丽丝梦游仙境、彼得·潘和儿童文学	14
78	民族主义和现代世界	12	85	业余田径	13
79	神奇的城市：被记忆、想象和梦想筛选的城市景观	15			

资料来源：www.freshmanseminars.college.harvard.edu/. 研讨课目录在不同学年会做相应调整。

（2）课程管理。

新生研讨课为新生尽快与资深教授进行密切接触和沟通提供了有效途径，目的是养成大学生的批判和理性思维，因此，哈佛文理学院在关于本科课程管理的说明中明确指出，新生研讨课只对一年级新生开放，且不允许旁听，属于小班课程，学生人数一般限制在12～15人，学生可以就感兴趣的主题与教师充分交流，从而丰富他们的知识和智力体验。

● 教师与学生

哈佛大学新生研讨课教师一般是资深教授，来自哈佛大学各个专业学院，为新生提供小班教学。新生研讨课一般由1名教师、12名学生组成，每周一次课，每节课2～3小时，围绕相互感兴趣的主题展开研讨。新生研讨课主题覆盖的领域和专业面很广。

● 如何选择学生

由于新生研讨课是小班教学，每个班人数有限。因此，学生提交申请以后，按照一种匹配算法来决定研讨课的分配。当然，一些因素会影响匹配算法的结果，包括教师根据论文和其他相关信息选择学生，学生的排名和喜好也会被考虑进去。

● 授课方式与成绩

研讨课不同于讲授式课程，是以讨论为基础的，根据完成程度，学生会被给予“满意或不满意”两种评价，把学生和教师从排名、成绩等约束中解脱出来。如果成绩是“不满意”，学生将无法获得研讨课学分。另外，新生研讨课教师会给每一位学生写一份简短的评价报告，这份报告会放入学生的本科学术档案。

● 学分

新生研讨课属于“半课程”，可计入学位学分要求。其中，一些研讨课可计入专业学分要求或被认为是某一专业领域的相关课程，具体由相关院系或者专业委员会来决定。但是，新生研讨课不能计入通识教育项目学分。

● 学生参与率①

哈佛大学每年大概招收 1 600 名本科生，2009—2010 学年的统计数据显示，哈佛大学开设的新生研讨课数量为 129 门，参与授课的教师 135 人，参加学生有 1 307 人，也就是说，有将近 82%的新生参加了新生研讨课。

● 学生对课程的评价

在对哈佛大学低年级和高年级学生的调查中，新生研讨课经常被学生认为是他们在哈佛大学最好的学习体验。

(二) 耶鲁大学的新生研讨课

耶鲁大学非常重视本科生教育，创建于 1701 年的本科学院——耶鲁学院被认为是学校的中心。耶鲁学院有学生约 5 200 人，每年有超过 65 个系所提供 2 000 多门通识教育课程，保证了课程的深度和

① http://www.freshmanseminars.college.harvard.edu/icb/icb.do.

广度。教师们都热爱本科教学，许多非常著名的教师都会开设入门级课程。

1. 耶鲁学院课程要求

耶鲁学院的教育继承了耶鲁大学自由教育传统，在耶鲁学院，获得知识固然重要，但培养学生批判性和创造性思维更加重要。要想获得学士学位，学生一学期要上 4 门或 5 门课，四年正常需完成 36 门课程。为平衡结构和高度、广度和深度，这 36 门学期课程必须符合分布式通识课程要求和专业要求，包括 12 门通识课程、12 门选修课程、12 门专业课程。

分布式通识课程包括领域要求和技能要求，领域（人文社会科学领域）要求是不少于 2 个人文学科课程学分、2 个科学课程学分、2 个社会科学学分；技能要求是 2 个定量推理课程学分、2 个写作课程学分、提高外语水平的课程。

攻读科学学士的学生须从第二学年起选择一个专业方向，攻读文学学士的学生须从第三学年起选择专业方向。

2. 新生研讨课

新生研讨课在哈佛学院是一种学术性课程，而在耶鲁学院比较灵活，既可能是学术性课程，也可能是适应性课程。耶鲁学院每年春秋两个学期提供大约 45 门新生研讨课，为一年级的学生提供与最优秀的教师接触的机会。研讨课涉及主题广泛，有些是对某一特定研究领域的介绍，有些则是对不同主题的跨学科研究（见表 5－2）。无论研讨课的主题和教学方法是否存在差别，都必须用心为新生设计，为新生之间、新生与教师之间的互动提供环境。

表 5－2　　耶鲁学院 2011—2012 学年秋季新生研讨课

序号	课程名称	序号	课程名称
1	科学的当代主题	5	必要的异端邪说
2	道德的认知科学	6	家具和美国生活
3	数据化的现实主义图像	7	科技药物的历史
4	全球视野的流行病	8	免疫学和微生物学

续前表

序号	课程名称	序号	课程名称
9	简·奥斯汀	18	社会控制和刑事司法社会学
10	爵士和建筑	19	观众和可视文化
11	思想和行动中的林肯	20	斯派克·李
12	美国历史上的药物和社会	21	可视传记研究
13	美洲原住民叙事	22	纽黑文市的城市生态学
14	放射与宇宙	23	美国的暴力与司法
15	复制技术	24	早期美洲的战争与背叛
16	现代技术科学	25	历史教会我们什么?
17	搜寻外星生命		

资料来源：www. catalog. yale. edu/ycps/subjects-of-instruction/freshman-seminar-program/. 研讨课目录会在不同学年有所调整。

新生研讨课是小班教学，每个班有 15～18 个学生，基本都是一学期的课程，大多数是每周两次，不要求选课学生有早期经验。所有的新生研讨课都是有学分的，并且计入相应的通识课程或者专业课程学分。2011—2012 学年秋季学期，耶鲁学院实际开设 25 门新生研讨课。

(三) 制度保障

制度是哈佛大学、耶鲁大学开设新生研讨课的重要保障。以哈佛大学为例，其新生研讨课在学生调查中获得高评价，更被确定为本科课程改革的重点发展方向之一，除课程内容和结构、授课方式、成绩和学分等设计合理之外，还离不开该校一系列本科课程制度的支撑。

1. 教学机构设置

作为基本的教学机构，哈佛大学共设 1 个本科生院（哈佛学院）和 10 个研究生院（文理研究生院、神学院、商学院、设计学院、教育学院、肯尼迪政府管理学院、法学院、医学院、牙医学院、公共卫生学院）。哈佛学院是本科生学院，本科生完成规定的学分，毕业可以获得文学学士学位或科学学士学位。

2. 哈佛文理学院

哈佛文理学院成立于 1890 年，是哈佛大学最大的分支机构，也是哈佛本科教学的主要负责部门。它由哈佛学院和哈佛文理研究生院组成，还包括工程与应用科学学院、继续教育学院；本科生和研究生招生都属于文理学院的工作。文理学院制定教师研究、教学以及其他与职业活动相关的规则和政策，制定适用于非教学人员的政策，还为本科生和研究生确定行为规则和标准。

文理学院非常重视本科教学，为此采取了很多措施来支持新生研讨课。在一次教师会议上（2010 年 11 月 7 日），院长史密斯（Michael D. Smith）专门做了一份关于教学的报告，在报告中列举了从 2007 年到 2011 年文理学院促进本科教学的 4 个方面共计 33 项措施（见表 5 - 3），教师们可以充分利用这些资源促进本科教学。

表 5 - 3　　哈佛文理学院教学促进措施（2007—2011 年）

<table>
<tr><th>实践经验</th><th colspan="2">教学创新</th><th colspan="2">课程创新</th><th>促进教师对教学的承诺和热爱</th></tr>
<tr><td>达德利·赫切巴切教师-科学家系列报告</td><td rowspan="6">常规资源</td><td>课程创新基金</td><td rowspan="4">主要课程创新</td><td>通识教育项目</td><td>教师活动报告</td></tr>
<tr><td>自然科学学科的同伴支持</td><td>课程促进基金</td><td>第二专业</td><td>教师辅导：如何成为一位学者、教师和学术共同体的成员</td></tr>
<tr><td>人文学科中心项目</td><td>学术技术团体、图书馆、博物馆教学技术合作项目</td><td>跨学科基础课程</td><td>哈佛学院助教项目</td></tr>
<tr><td>博克教学和学习中心项目</td><td>哈佛学院写作项目</td><td>语言桥课程</td><td rowspan="3">教学奖励和荣誉</td></tr>
<tr><td>新教师研究所</td><td>哈佛艺术学科倡议</td><td rowspan="2">课程计划变革</td><td>本科生专业选择时间从第二学期末改为第三学期末（2006 年）</td></tr>
<tr><td>系助教、实习和研讨会（16 个）</td><td>数字人文学科倡议</td><td>“多年课程”计划</td></tr>
</table>

续前表

<table>
<tr><th>实践经验</th><th colspan="2">教学创新</th><th colspan="2">课程创新</th><th>促进教师对教学的承诺和热爱</th></tr>
<tr><td>研究生学习导师</td><td></td><td>在线教与学</td><td rowspan="6">跨学科创新</td><td rowspan="6">支持跨学科课程，教师来自不同专业学院和系所，如非洲研究委员会、民族研究、世界卫生和卫生政策、干细胞与再生生物学（哈佛第一个跨学院的系）、公共政策、文理研究生院研究生财团等</td><td rowspan="6"></td></tr>
<tr><td>文理研究生院一月在线</td><td rowspan="2">项目资源</td><td>通识教育研究生研讨会</td></tr>
<tr><td>留学生助教口语沟通技巧</td><td>教学服务支持团队(ISST)</td></tr>
<tr><td rowspan="3">与文理学院在线对话（始于2011年2月）</td><td rowspan="3">多地学习系统</td><td>本科生研究体验</td></tr>
<tr><td>哈佛公共网络服务系统</td></tr>
<tr><td>住宿学院学习系统</td></tr>
</table>

资料来源：The Faculty of Arts and Sciences Teaching and Learning Activity Catalog 2007—2011 Initiatives. http://www.fas.harvard.edu/home/content/faculty-arts-and-sciences-teaching-and-learning-activity-catalog-2007—2011-initiatives.

3. 大量的教学技能培训

1975年哈佛文理学院教授会投票设立了促进教学的专门机构——丹佛斯中心，1991年更名为博克教学和学习中心，其宗旨是通过为教师提供资源、项目和卓越的教学支持，促进哈佛大学本科教育教学质量。

博克教学和学习中心目前是美国最大、受资助最多的大学教学中心之一。中心的服务对象包括教授、讲师、访问学者、助教和课程助教，服务都是免费的。中心主要服务于人文学科和社会科学的教师，这些教师约占哈佛全校师资的半数。据中心估算，哈佛大学约有10%的教师对教学情有独钟，即使学校没有教学中心，他们也会取得优良的教学效果；另有10%对教学毫无兴趣。所以，哈佛大学80%的教师是可以作为参与教学促进活动的争取对象的①。博克教学和学习中心的校长认为，相对于对资深教授的影响，博克教学和学习中心对研究生教学助理教学技能的提高帮助更大。

① 林杰. 哈佛大学博克教学和学习中心——美国大学教师发展机构的标杆. 清华大学教育研究，2011 (2).

要获得哈佛大学的终身教职，优秀的教学技能不可或缺，博克教学和学习中心在这方面正好可以提供帮助，中心设置了大量项目，其中专门针对新生研讨课的项目包括如何引导新生研讨课、研讨课等，其他相关项目还包括基于活动的学习（Activity-Based Learning）、网络交流（Conversations @ FAS）、设计未来的教学（Designing the Course of the Future）、毕业生写作（Graduate Writing Fellows）、新教师研究会（New Faculty Institute）等15个项目，中心专家通过角色扮演、网络咨询、课堂录像、邀请其他专家等多种方式帮助教师提升教学能力。

4. 成熟的课程改革程序

课程既是知识的载体、人才培养的制度化形式，也是不同文化、政治、经济的反映，是利益相关者博弈的结果。如果没有一套成熟的课程改革程序，既得利益者很难出让自己在课程体系中的"地盘"，新生研讨课就很难在20世纪60年代出现在哈佛大学课堂上。

哈佛大学平均20～30年就会对本科课程进行调整，历次本科课程改革的推动得益于他们有一套比较成熟的改革程序，主要包括告知、听取各方面意见，提交报告，辩论，投票决议等环节。以2002年启动的本科课程改革为例，由时任哈佛文理学院院长的威廉·C.科比（William C. Kirby）主持，他成立了一个课程改革指导委员会和4个工作小组，每个工作小组有12～13个成员，包括2名主席、若干名终身教授和普通教师、1～3名本科生、1名研究生、1名和本科教育相关的行政人员以及1名其他学院人员。执行委员会的主席由威廉·C.科比和本科教育教务长担任，成员为4个工作组的8名主席。在不断讨论、集思广益的基础上，2004年4月公布了《哈佛学院课程改革报告》，初步确定课程改革的目标是增加本科生课程的选择性和灵活性，精心打造较少的必修课和较多的博雅传统的本科生课程，然后在这个报告的基础上提出新的课程计划①。其间，哈佛学院教授团队和校长之间发生了冲突和矛盾，教授们认为校长偏爱

① 张家勇，张家智. 新世纪哈佛大学本科课程改革及启示. 比较教育研究，2006，27 (1).

自然科学，对人文学科、伦理道德重视不够，冲突的结果是萨默斯校长辞职，而课程改革报告于2007年5月才得以通过，2009年秋季新生开始实行新的课程计划。

第二节　新生研讨课对课程建设的启示

在“双一流”建设的背景下，国内很多顶尖大学的办学目标是在固本强基的基础上实现“腾飞”，进入世界一流大学行列，因此，借鉴国外大学的人才培养模式和办学经验，进一步把历史优势和办学资源凝聚于人才培养的核心目标，对大学发展非常有利。

一、启示：课程推动本科人才培养

哈佛大学不仅拥有经历史洗礼仍然富有时代精神的人才培养理念，同时还擅长通过课程传递人才培养理念。从新生研讨课的角度，可以发现哈佛大学依靠课程推动本科教育的成功之处主要在于重视新生课程建设，不断改进本科课程体系，追求教学方法的转变，充分利用研究生助教。耶鲁大学虽然在历史传统和学科特色上与哈佛大学的本科人才培养工作存在差异，各自具体措施也不尽相同，但却可以形容为“类似的精神、不同的路径”。

1. 不断改进本科课程体系

“类似的精神”就是指哈佛大学和耶鲁大学都非常重视本科人才培养，把本科生教育视为学校之灵魂、立校之基。同时，这两所学校都认为本科人才培养目标最重要的方面就是培养学生的批判性思维和独立思考能力。

20世纪初，哈佛的本科生教育被认为缺乏连贯性，课程体系老化。在这个体系下，学生、教授都不愿意上课①。然而，哈佛大学校长和文理学院院长切中时弊，推动了新一轮课程改革，使得教育与经济、科技、社会同步发展，甚至引领社会进步，保持了大学的卓

① 布瑞德利. 哈佛规则——捍卫大学之魂. 北京：北京大学出版社，2009：12.

越。正如哈佛大学前任校长德里克·博克所言，一个课程体系的寿命不会超过20年。从19世纪后半期到21世纪130年左右的时间里，哈佛大学历任校长推动了多次本科课程改革，包括选修制、分配与集中选课制、通识教育课程、共同基础课、强调跨学科的新通识教育项目计划等。新生研讨课是在普西（Nathan Marsh Pusey）校长任内推动设立的。耶鲁大学虽然被认为是大学保守派的代表，但是，《1828年耶鲁报告》在美国树立了一面捍卫大学人文精神的旗帜，使得自由教育的人才培养理念深入人心，使大学不至于沦为神学所和职业培训机构。

2. 重视新生课程建设

哈佛大学在很多方面无疑是成功的：杰出的校友、强大的基础学科科研实力、超过200亿美元的资产……然而，最令人羡慕的是它给本科生提供的最优秀的课程和教育。哈佛大学规定本科一年级学生必须住在由学校安排的宿舍，住宿学院有辅导员提供生活和学习指导；只为新生提供的新生研讨课，其授课教师是资深教授，每班人数控制在12人以下；等等。这些做法让学生一入校就能接触到优质教育资源，获得最好的教育机会，为学生成才打开了最有效的机会之窗。

3. 推动教学方法的转变

哈佛大学着重培养学生独立思考、批判和解决问题的能力，重视启发式教学，并以此为教学重点。因此，哈佛大学非常重视课程教学方法的变革，把传统的讲授式教学转变为苏格拉底的“助产术”教学。新生研讨课正是运用启发式教学法的课程典范，它重视有准备、有助教引导、有评价的研讨，强调案例、角色扮演、演讲、辩论等多种教学方法的综合运用；即使是在书面作业和考试中，也从培养学生的批判性思维、提高学生多视角分析问题的角度来设计；考试成绩只设“满意”“不满意”两档。

4. 使用与培训研究生助教

新生研讨课是小班教学，需要教学辅导支持，其中很重要的一个就是研究生助教制度。研究生担任助教，不仅有助于本科生教学，而且有助于研究生毕业以后在其他大学谋取教职。大量地选拔和使用研究生助教，并让他们在教师发展中心获得培训，是哈佛大学、耶鲁大学本科生教育的成功经验之一。

二、思考与建议

新生研讨课与学业成绩、教育质量密切相关，美国大学与学院联合会（Association of American Colleges and Universities，AAC&U）2005年发起的博雅教育和美国的承诺项目把促进“高影响力教育活动”（High-Impact Educational Practices）作为一项主要目标，而新生研讨课则是高影响力教育活动的主要形式之一，它有利于改善学生的大学学业成绩，尤其是对那些来自不利家庭背景的学生，从而提升高等教育质量[①]。新生研讨课是哈佛大学、耶鲁大学本科课程体系的一个缩影，它的内容、结构、管理等深刻地体现了以课程推动本科教育的人才培养理念。当前，国内一些高校课程体系多年不变，与学生需求、社会变化脱节：课程内容在故步自封与市场化、快餐化之间“走钢丝”；课程结构陈旧，课程管理僵化；教学方式拘泥于传统的讲授和“满堂灌”；教学过程欠缺启发、互动、创新元素；等等。课程、教学过程存在的诸如此类问题，使得人们对本科人才培养效果并不满意。借鉴国外大学的人才培养经验，加强课程和相关制度改革，以课程建设推动本科人才培养，培养创新型、引领型人才，是国内研究型大学创建世界一流大学的历史使命。

1. 加强本科课程建设

课程建设跟不上，人才培养理念就要落空。要培养拔尖创新人才，课程体系就不能僵化不变；要培养宽口径、厚基础的人才，课程结构就不能完全是专业主导；要培养具有跨文化沟通能力的国际性人才，课程内容就不能没有国际视野；要培养理性、批判性的人才，课程教学就不能是灌输式的；当前一些大学本科人才培养面临的尴尬境地亟待变革。哈佛大学本科课程体系通专结合，一、二年

① George D. Kuh. High-Impact Educational Practices: What They Are, Who Has Access to Them, and Why They Matter. Association of American Colleges & Universities, 2008.

级主修通识课程，三年级以后才进入有专业导向的课程学习。通识课程是包括哈佛大学在内的美国研究型大学本科教育的基础课程，课程数量多、涉及领域广，同时，它也是历次本科课程改革的主要对象。国内虽有复旦大学、北京大学、清华大学、浙江大学、南京大学等推动了本科课程改革实践，但仍有一些研究型大学并没有充分认识到课程建设的重要性，在课程数量、内容和结构上开发速度慢，相应的课程理念、学分制度、考试制度、助教制度、教室管理等都没有配套发展。国内高校首先应建立本科课程改革的程序和制度，坚持专业教育和文化素质教育相结合、课堂学习和课外学习相结合、知识学习和能力培养相结合以及国内学习和国外学习相结合的人才培养“四项原则”；推动课程形式的建构，并以此带动课程内容的创新；在课程结构中，通识课程学分占获得学士学位学分要求的 1/3 为宜，小班教学，配备助教。教授参与本科课程设计，改革考核体系，提高教师对本科课程的认可度。

2. 设立新生研讨课——转变教学方式的“课程特区”

如果已有的课程形式、课程结构难以改变，那么，选择新的课程形式，在这种新课程形式中施行新的教学方式，便是推动课程改革的可选途径之一。新生研讨课的设立体现了对新生教育的重视，更是一种可实行新教学方式的“课程特区”。

2003 年，清华大学在国内首先将新生研讨课引入本科教育，随后，浙江大学、南京大学、上海交通大学、中国人民大学也相继开始了对新生研讨课的探索①。如南京大学在 2016—2017 学年开设的新生研讨课就有 194 门。新生研讨课可以作为转变授课方式、培养学生批判性思维的典范课程类型，为此，可以实行不同于传统讲授式课程的“课程特区”政策，包括：(1) 只供一年级学生选课；(2) 小班教学，每班学额不超过 20 人；(3) 授课形式必须采用传统讲授以外的方式，如讨论、案例分析、辩论、角色扮演等；(4) 考试不采用笔试形式；(5) 成绩只给“满意”或者“不满意”，被评定为“不

① 林冬华. 美国新生研讨课全国调查 20 年：背景、发展与启示. 中国高教研究，2011 (11).

满意”的学生没有学分；等等。可以单独设立新生研讨课的学分要求，但不宜计入通识课程学分，是否计入专业课、选修课学分，应该由学院来确定。当然，新生研讨课不是授课教师和学生在一起空谈的场所，为防止成为“营养学分”，新生研讨课应该是有主题的，是知识和智慧的激荡之所，这点与其他课程类型无丝毫差异。

3. 重视教师教学培训

课堂教学是教师和学生之间传承、建构知识的基本途径，是人才培养的最后“一公里”，也是最关键的“一公里”。无论理念多么先进、制度设计多么巧妙，如果这些理念和制度无法被教师所理解，无法转换成合适的课堂教学方式，那么，所有的课程改革努力都有可能付诸东流。因此，课程建设和人才培养改革要重视教师教学培训，支持教师发展中心建设；调整考核体系支持教学，投入经费和人员，解决本科教学中的教师精力、教学经费、领导精力投入不足的问题。总之，只有教师形成创新型教学思维，才能切实推动课堂教学方式的改革和课程的改革，促进本科教育卓越发展。

4. 充分利用研究生助教

新的教学方式，如小班教学、启发式教学、研究型学习等都需要大量的助教。选择足够多的优秀博士生担任助教，并且为博士生助教提供进入教师发展中心培训的机会，如此既有利于本科教学，又有利于博士生本人为今后的教学工作积累经验。博士生担任助教可以由学校提供实践学分和经济补助，并纳入学术档案。

第六章　课程创新之 MOOC

信息技术、工作场所和内容的全球化，生活方式的变革，对知识精通要求的变化，对国际视野和实践能力的要求，……一系列环境和相关要素的变化，推动课程的变革与创新，其中，既包括内容、形式的创新，如开设新生研讨课，也包括技术所引发的课程模式的创新，如慕课（Massive Open Online Course，MOOC）。

第一节　MOOC 教学特点分析

越来越激烈的全球化竞争、新技术的挑战、预算的削减等给大学带来了很大的挑战，各国都在思考大学治理的新路径。MOOC 作为新技术在教育领域的应用，旨在应对优质课程资源不足、预算削减所导致的课程空白、课堂教学效果不佳等问题，于是，MOOC 在近五六年的时间内以飞快的速度渗透全球的多所大学，成为课程创新甚至高等教育竞争的一种新形式。其中，走在 MOOC 开发前列的是排名前 100 强的研究型大学，以 Coursera 和 edX 为例，这两个平台的合作伙伴或课程提供者主要是来自美国、英国、中国等国家的顶尖大学。在此背景下，课程和教育信息技术研究专家也把大量的研究热情倾注于 MOOC，他们注重对学习者的研究，包括学习动机、情感体验、学习行为差异、学习效果、保持率等，讨论了学习者的学习动机、行为差异、课程体验及其对线上互动、课程效果、完成率等的显著影响①。但人们往往关注教学方法的改进，一定程度上忽视了对授课教师群体的研究。本节以 Coursera 为案例，主要探讨和分析 MOOC 授课教师个体属性及其教学行为。

一、研究设计

1. 研究方法

观察法最早被芝加哥学派应用于社会研究，罗伯特·帕克（Robert Park）在 20 世纪 20—30 年代运用观察法研究芝加哥持续变化的社会现象②，使其成为社会科学研究的主要方法之一。

根据观察程序的不同，观察法可以分为结构式观察法和非结构式观察法两类③，基于 MOOC 的特点，课题组采取结构式观察法，把观察范畴区分为课程基本信息、授课教师个体属性和教学行为三类，其中，课程基本信息包括课程名称、学科领域，授课教师个体属性包括性别、职称/职务、所属大学/国别、教学/学术成就等，教学行为包括开课方式、教学方法、授课语言等（见表 6－1）。观察法可以获得明确、具体的 MOOC 数据，但只能观察教师的外在教学行为；如果要对观察结果量化，或对教师教学行为的选择进行因果分析，还需要进行访谈和文本分析，从而进入课题组下一步的研究计划。

---

① Belanger-Y，J. Thornton. Bioelectricity：A Quantitative Approach—Duke University's First MOOC. Inorganic Materials，2013，38（2）；Q. Yang. Students Motivation in Asynchronous Online Discussions with MOOC Mode. American Journal of Educational Research，2014，2（5）；J. M. Kevan，M. P. Menchaca，E. S. Hoffman. Designing MOOCs for Success：A Student Motivation-Oriented. Framework// LAK'16 Proceedings of the Sixth International Conference on Learning Analytics & Knowledge，2016：274-278；H. Khalil，M. Ebner. MOOCs Completion Rates and Possible Methods to Improve Retention—A Literature Review. World Conference on Educational Multimedia，2014；S. Kolowich，汪琼. 他们为什么开设 MOOCs. 中国教育信息化，2013（11）；李曼丽，徐舜平，孙梦嫄. MOOC 学习者课程学习行为分析——以“电路原理”课程为例. 开放教育研究，2015，21（2）；郑燕林，李卢一. MOOC 有效教学的实施路径选择——基于国外 MOOC 教师的视角. 现代远程教育研究，2015（3）；丹尼尔. 让 MOOCs 更有意义：在谎言、悖论和可能性的迷宫中沉思. 现代远程教育研究，2013（3）.

② 梅. 社会研究：问题、方法与过程. 北京：北京大学出版社，2009：136.

③ 袁方. 社会研究方法教程. 北京：北京大学出版社，2016：252-256.

表 6-1　　　　MOOC在线观察的基本结构

课程基本信息		授课教师个体属性				教学行为		
课程名称	学科领域	性别	职称/职务	所属大学/国别	教学/学术成就	开课方式	教学方法	授课语言

2. 数据来源与样本分析

本部分主要运用在线观察法对Coursera平台上的MOOC进行在线观察①。Coursera平台拥有人文、艺术、生命科学、商业管理、化学、计算机科学等25个学科或领域总计1 968门课程，课题组把这25类学科按照人文学科、社会科学和自然科学等进行分类，随机抽取生命科学，商业与管理，化学，计算机科学，经济与金融，教育学，工程学，食物与营养学，信息、技术与设计，数学，医学，物理与地球科学，统计与数据分析等学科的课程合计531门进行观察（见表6-2）。

表 6-2　　　　样本的分布

学科门类	代码	学科/领域[a]	课程数量	参与教师/组织（人次）[b]		
				总计	女教师	男教师
人文学科	1	人文学科[c]	3	3	2	1
社会科学	2	教育学[d]	78	129	70	59
	3	经济与金融	6	6	1	5
	4	商业与管理	111	113	21	92
	5	社会科学[e]	1	5	0	5
自然科学	6	工程学[f]	47	47	1	46
	7	化学	12	15	7	8
	8	计算机科学	13	19	3	16
	9	生命科学	108	182	64	118
	10	食物与营养学	1	1	0	1
	11	数学	39	58	12	46
	12	统计与数据分析	2	3	0	3

① 访问日期是2015年1月23日。

续前表

学科门类	代码	学科/领域	课程数量	参与教师/组织（人次）		
				总计	女教师	男教师
	13	物理	18	30	3	27
	14	物理与地球科学	33	49	16	33
	15	信息、技术与设计	6	12	2	10
	16	医学	53	82	36	46
总计			531	754	238	516

a Coursera 有些课程同时属于多个学科/领域，统计时只计入第一学科。

b 其中 4 人次由学校或相关学术单位参与合作开课。

c 第一学科标注为人文学科的课程（包括“分娩：全球视角”“考古学不可告人的小秘密”“理解爱因斯坦：狭义相对论”）都是跨学科课程，是人文与社会学、生命科学、物理学等学科交叉与融合的课程。

d 含两门“教师专业发展”课程，即“大湖地区（Great Lakes Region）的天气和气候变化”“重新设计科学教学课程”。

e 第一学科标注为社会科学的课程（“适应气候变化：小岛屿发展中国家实例”）是跨学科课程，是社会科学、教育学、健康与社会学、物理与地球科学等学科交叉与融合的课程。

f 含标注为“工程师”（engineering）的一门课程（“体育和建筑空气动力学”）。

这 531 门课程，总计 754 条记录（任课教师 754 人次）；其中，从教师性别上看，女教师 238 人次，共参与开课 187 门，男教师 516 人次，共参与开课 408 门①；从开课方式上看，可区分为单开课和合开课两种，单开课是指由一位教师单独授课，合开课是指由 2 位及 2 位以上的教师合作授课，531 门课程中单开课是 401 门，合开课是 130 门；职称/职务由于教师来自不同国家的大学和机构而有不同的称谓，在研究中分为教授、副教授、助理教授、研究人员系列、其他职称/职务等五类。

在样本中，开设课程数量最多的前三个学科依次是商业与管理学、生命科学、教育学（见图 6－1），教师参与人次最多的前三个学科是生命科学、教育学、商业与管理。

如果分学科统计参与人次，参与教师（人次）最多的是生命科学课程（182 人次），最少的是食物与营养学课程（1 人次）。

① 因有一些课程是女教师与女教师、女教师与男教师以及男教师与男教师合开的课程，故男教师参与开设课程与女教师参与开设课程之和超过课程总数量。

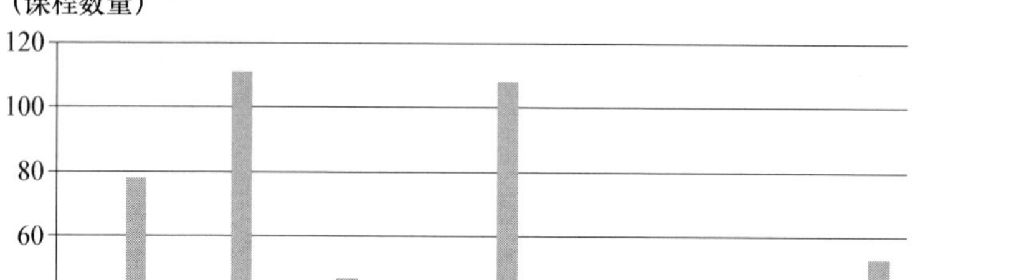

图 6-1　不同学科的课程数量

注：1～16 依次是人文学科，教育学，经济与金融，商业与管理，社会科学，工程学，化学，计算机科学，生命科学，食物与营养学，数学，统计与数据分析，物理，物理与地球科学，信息、技术与设计，医学。

二、授课教师个体属性及其教学行为分析

通过对授课教师及其教学行为的分析，从教的角度研究 MOOC 现状，可以更深入地了解这种新的课程与教学方式。

(一) 什么课程受欢迎？——课程开设数量的差异

教师都在开设哪些领域的课程？哪一类课程开设数量较多？课程数量是否受学科差异和性别差异因素的影响？

1. 女教师的优势学科是教育学，男教师的优势学科是商业与管理

如表 6-3 所示，女教师参与开设的课程数量不到男教师的 1/2，在 187 门课中，女教师参与开设课程数量排名前三的学科依次是教育学、生命科学和医学，分别是 51 门、45 门和 29 门；没有开设食物与营养学、统计与数据分析等方面的课程。女教师的优势突出表现在教育学，参与开设了 51 门课程，工程学、经济和金融只参与开设了 1 门。女教师开设的教育学课程数量不仅多于其他学科课程数量，并且超过了男教师开设的教育学课程数量。

表 6-3　　不同学科教师开设课程数量

学科				女教师				男教师			
				参与开设课程数量	合开课数量	单开课		参与开设课程数量	合开课数量	单开课	
学科门类	代码	学科名称	课程数量			数量	比重（%）			数量	比重（%）
人文学科	1	人文学科	3	2	0	2	100	1	0	1	100
社会科学	2	教育学	78	51	26	25	49	47	28	19	40
	3	经济与金融	6	1	0	1	100	5	0	5	100
	4	商业与管理	111	21	1	20	95	91	1	90	99
	5	社会科学	1	0	0	0	0	1	1	0	0
自然科学	6	工程学	47	1	0	1	100	46	0	46	100
	7	化学	12	4	3	1	25	8	0	8	100
	8	计算机科学	13	3	3	0	0	13	6	7	54
	9	生命科学	108	45	26	19	42	81	33	48	59
	10	食物与营养学	1	0	0	0	0	1	0	1	100
	11	数学	39	10	6	4	40	34	9	25	74
	12	统计与数据分析	2	0	0	0	0	2	1	1	50
	13	物理	18	2	2	0	0	17	4	13	76
	14	物理与地球科学	33	16	8	8	50	26	9	17	65
	15	信息、技术与设计	6	2	1	1	50	5	3	2	40
	16	医学	53	29	11	18	62	30	12	18	60
总计			531	187	87	100	53	408	107	301	74

在男教师所参与开设的408门课中，排名前三的学科依次是商业与管理、生命科学、教育学，分别是91门、81门与47门，在食物与营养学方面开设的课程最少。商业与管理是男教师的优势学科，同一领域女教师仅开设21门课程。

2. 在所有学科中，女教师几乎都不具备比较优势

从参与开课数量上看，女教师只在教育学和人文学科两个领域有优势，并且仅比男教师分别多参与开设4门和1门课程；在其他14个学科/领域中女教师参与开设的课程均少于男教师，差距较大的3门学科分别是商业与管理、工程学、生命科学，分别比男教师少开70门、45门、36门课程（见图6-2）。

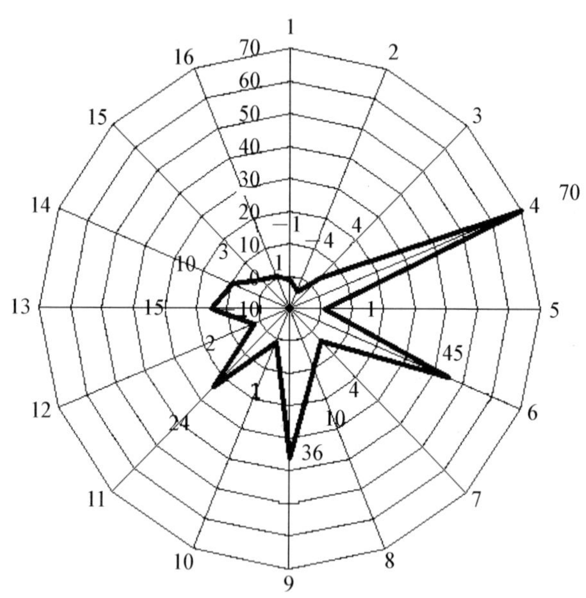

图6-2　女教师与男教师参与开设课程数量差异

注：1～16依次是人文学科，教育学，经济与金融，商业与管理，社会科学，工程学，化学，计算机科学，生命科学，食物与营养学，数学，统计与数据分析，物理，物理与地球科学，信息、技术与设计，医学。

3. 生命科学和医学：女教师在自然科学中的选择

在人文学科、社会科学、自然科学三大领域中（见表6-3、图6-3），女教师开设的课程比重依次降低，分别是67%、34%和

30%。虽然女教师在自然科学领域表现最为弱势，但却有两道异常亮丽的风景线，即生命科学和医学，女教师在这两个学科开设的课程数量较多，尤其是医学，女教师参与开设了29门课程，只比男教师少开设1门。

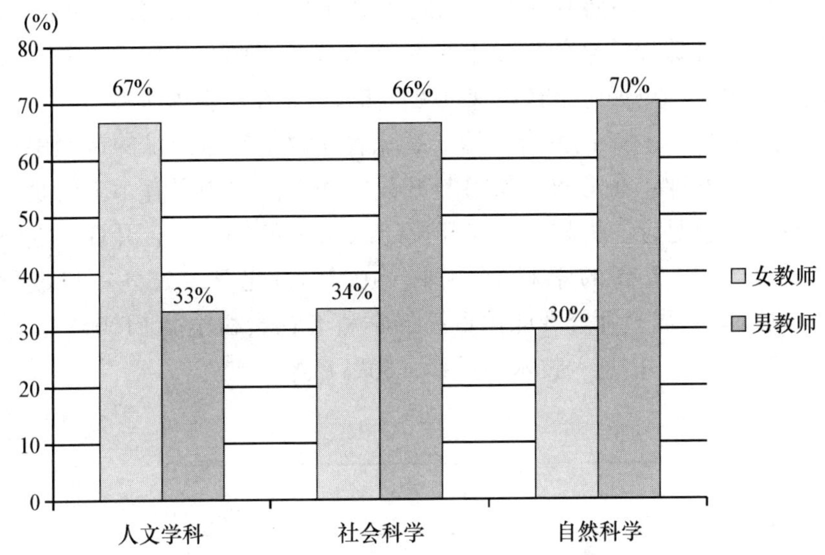

图6-3 不同学科领域课程开设的性别差异

(二) 单干还是合作？——课程开设方式的差异

不同于线下课程，MOOC需要满足更多的技术要求以及展开更多的线上互动，因此，一些MOOC教师在开课时会面临单独开课还是合作开课的选择。

1. 单开课比重高

如表6-3所示，在Coursera的课程体系中，教师单独开课非常多，总样本531门课中单开课是401门，单开课比重是76%，远远高于同期edX平台①的单开课比重。从性别看，在女教师参与的课程中单开课的比重是53%，男教师则是74%。从学科看，很多学科

① 在edX平台观察（2015年1月23日）的课程数据（包括教育学、伦理学、哲学与伦理学、工商管理、化学、历史、文学、生物与生命科学、物理、数学、医学、工程学等学科，总计353门课程，1047授课人次）中，单开课只有104门，比重是29%。

的课程100%是单开课，包括人文学科、经济与金融、工程学、食物与营养学，工程学在其中表现得尤其突出，不仅课程数量（47门）较多，而且全部是单开课，其中46门课程由男教师开设。

2. 女教师相对偏好合作授课，合开课率高于男教师

Coursera单开课比重高，因此从学科上看，只有教育学和信息、技术与设计课程的合开率大于或等于50%。然而，从性别上看，女教师比男教师更偏好合作授课（见图6-4）。在女教师所参与开设的187门课中，有87门是合开课，意味着女教师参与开设的课程中有47%是合开课；在男教师所参与开设的408门课中，有107门是合开课，也就是说，男教师参与开设的课程只有26%是合开课。女教师合开课比重高的学科有物理（100%）、化学（75%）和数学（60%）等；男教师合开课比重高的学科有社会科学①（100%），教育学（60%），信息、技术与设计（60%）等。

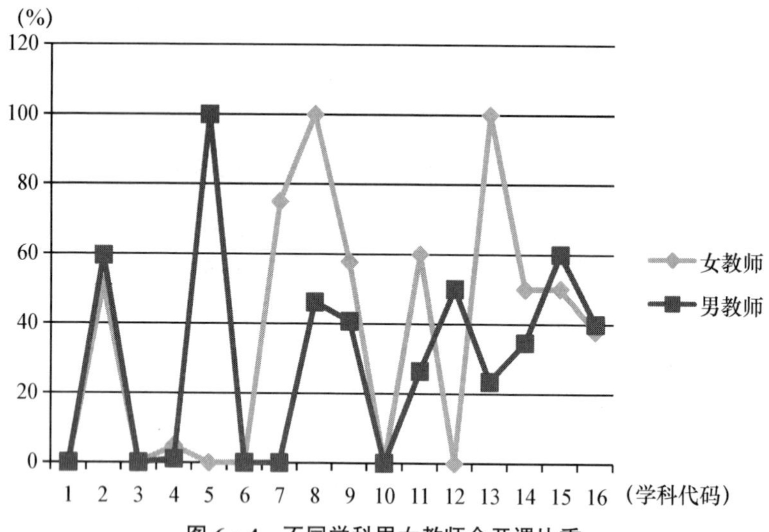

图6-4　不同学科男女教师合开课比重

注：1～16依次是人文学科，教育学，经济与金融，商业与管理，社会科学，工程学，化学，计算机科学，生命科学，食物与营养学，数学，统计与数据分析，物理，物理与地球科学，信息、技术与设计，医学。

① 社会科学其实只有一门课程，即“适应气候变化：小岛屿发展中国家实例”。

3. 合开课的内部差异

很多教师选择合作开设 Coursera 课程，常常是 2 人、3 人以至 8 人合作开课，其中，以 2 人合作与 3 人合作的方式开课的现象最为普遍，分别有 90 门和 28 门。另外，从总体上看，随着开课合作人数的增长，课程数量却呈递减趋势，到 4 人合作时课程数量就下降至 10 门以下，这可能说明教师在选择合作授课人数时，4 人是一个临界点。

(1) 学科差异。

从学科差异上看，单开课最多的是商业与管理（110 门课），其次是生命科学（67 门课）与工程学（47 门课）；2 人合作开课最多的学科是生命科学（27 门课），其次是教育学（21 门课）；3 人合作开课最多的学科是教育学（10 门课），其次是医学（6 门课）；4 人合作开课最多的学科是生命科学（4 门课），其次是教育学（2 门课）；5 人合作开课最多的学科是生命科学（3 门课），另外两门分别是教育学和社会科学；6 人以上合作开课的课程数量很少，只有1～2门，且皆来自自然科学领域。

(2) 性别差异。

如上所述，总体上女教师偏好合开课，男教师偏好单开课。从数量上看，女教师开设课程的 47％是合开课，男教师的这一比例是 26％；从人次上看，有 58％的女教师参与合开课，只有 42％的男教师参与合开课；在合开课程的人数选择上，选择 2 人合作的男、女教师都是最多的，其次是 3 人合作和 4 人合作；在 2 人合作的课程上，女教师的参与人次与男教师的参与人次之间的差距最大（见表 6－4）。

表 6－4　课程合作方式的性别差异　（单位：人次）

教师性别	2 人合作	3 人合作	4 人合作	5 人合作	6 人合作	7 人合作	8 人合作
女	71	29	16	13	1	6	2
男	109	55	20	12	5	8	6

（三）谁在开课？——教师职称/职务差异

从职称/职务上看，开设 MOOC 的教师群体主要有哪些？是教授、副教授还是助理教授？他们更喜欢单开课还是合作开课？

1. 教授是开课主力

如表 6－5 所示，教授在授课教师中是绝对的开课主力，这主要体现在三个方面：（1）开设课程的教授总计 355 人次，不仅远高于其他职称/职务人员，并且占到了样本总人次的 47%。（2）教授的单开课和合开课参与人次都是最多的。（3）教授的单开课比重最高。在参与开设的课程中，教授有 60%是单开课，高于其他所有职称/职务人员开设课程的比重。

表 6－5　授课教师的职称/职务情况　（单位：人次）

职称/职务身份	总计	单开课		合开课	
		人次	比重（%）	人次	比重（%）
助理教授[a]	83	39	47	44	53
副教授[b]	102	54	53	48	47
教授	355	214	60	141	40
研究人员系列[c]	31	3	10	28	90
其他职务/身份[d]	84	35	42	49	58
信息缺失	99	56	57	43	43

a 包括助理教授、研究助理教授、高级讲师、客座讲师、讲师。
b 包括副教授、实践副教授。
c 包括副研究员、研究员、高级研究员、科学家、资深科学家、高级科学家、博士后研究人员。
d 包括实验室主任、项目主任、经理、极少数学生及助教等。

2. 教授、信息缺失教师、副教授单开课多，助理教授等合开课多

从开课方式上看，在全部授课教师群体中，教授、职称/职务信息缺失教师、副教授这三类教师单开课多，比重高；助理教授、研究人员系列、其他职务/身份等合作授课多，比重高。

（四）他们来自哪里？——教师所属机构与国家

如图 6－5 所示，Coursera 的授课教师所属机构可以区分为两大类——大学/学院以及非大学/学院机构，其中，来自大学/学院的教

师最多，有680人次，约占总人次的90%；64人次来自非大学/学院机构，包括联合国相关组织、世界银行、医院、博物馆、科技研究院、信托/基金会、国家地理协会、教师培训机构等。10人次信息缺失。

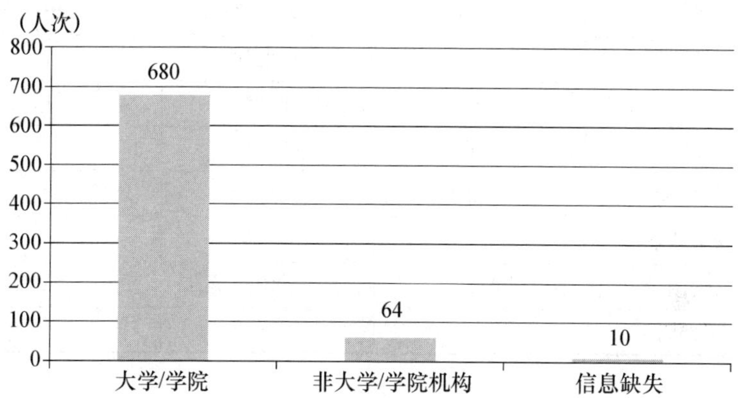

图6-5　授课教师所属机构及授课人次

如表6-6所示，来自全球顶尖大学的教师开设了这些MOOC，他们首先是来自美国的大学，如耶鲁大学、斯坦福大学、加州理工学院、普林斯顿大学等；其次是来自中国的大学，如北京大学、复旦大学、上海交通大学等；最后是英国的大学，如剑桥大学、伦敦大学。除此之外，还来自分布全球21个国家的其他各类大学。来自美国的授课教师最多，有477人次，占总授课人次的63%，中国(45人次)和英国(30人次)紧随其后。另外，26人次没有提供国别信息，他们大都来自非大学/学院机构。无论从所属机构，还是从国别上看，来自中国顶尖研究型大学的教师在Coursera课程上的表现都是非常突出的。

表6-6　授课教师来源国情况

国别	授课人次	国别	授课人次
澳大利亚	16	日本	1
巴西	4	瑞士	24
德国	11	土耳其	4

续前表

国别	授课人次	国别	授课人次
丹麦	12	西班牙	15
俄罗斯	10	新加坡	5
法国	19	新西兰	2
韩国	9	意大利	1
荷兰	4	印度	1
加纳	1	以色列	9
加拿大	20	英国	30
马来西亚	1	中国	45
美国	477	未提供国别信息	26
墨西哥	7		

三、结论与思考

(一) 结论

Coursera作为具有较大影响的MOOC平台，其运营模式中的商业化色彩较浓，课程体系也明显不同于其他平台：(1) 设置了大量专项课程，如教育基础系列、工程图学系列、工程资讯管理系列（CAD/BIM技术与应用)、化学系列、微积分系列等；(2) 单开课多，在Coursera的课程体系中教师单独开课的情况非常多，样本课程中单开课比重是76%，而在edX平台上单开课比重仅为29%。基于课程体系的这些特征，结合上文的数据分析，可以得出以下结论：

1. 在横向层面上，教师开设课程具有显著的学科差异、性别差异和学校/国别差异

(1) 学科差异。教师所开设的课程在学科和学科门类之间存在显著差异，尤其以学科门类为甚。课程数量和参与人次（498人次）最多的是自然科学，课程数量居前三的学科则依次是商业与管理、生命科学、教育学。

(2) 性别差异。教师的教学行为存在显著的性别差异，主要表

现为：一是男教师比女教师开设课程多、参与人次多，男教师参与开设课程数量是女教师的2.2倍，参与人次也是女教师的2.2倍；二是男教师的学科优势从人次上看体现在生命科学上，从课程数量上看体现在商业与管理上，而女教师只在教育学上有微弱优势。

（3）学校/国别差异。来自不同学校、不同国家的教师开设的课程存在差异，主要表现为：一是来自世界知名研究型大学的教师多，开设课程数量多；二是来自英语国家的教师多，开设课程数量多。

2. 在纵向层次上，教师开设课程具有较显著的职称/职务差异

职称/职务不同的教师之间具有显著的差异，主要表现为：一是职称较高、资历较深的教师单独开课多，比重高。教授具有明显的开课优势，课程开设数量、参与人次都多于其他教师，尤其是在单开课中占了绝对的数量优势。二是职称较低、资历较浅的教师多以合作开课的方式参与MOOC。研究人员系列、助理教授等单开课少，主要是合作开课。

（二）思考

MOOC及其课程体系是新技术条件下人们追求优质教育资源、追求更公平高等教育机会的一个尝试，因此，人们更关注它的可行性和创新性。然而，从授课教师个体属性和教学行为中展现的一系列MOOC特征，却提醒我们不要对“MOOC可能实现教育公平”这一看法持盲目乐观态度。

1. MOOC在复制线下课程

从历史的视野来看，课程的发展会呈现一种“钟摆”现象，比如统一性的课程与多样性的课程、课程的统整与分化、综合与分科等等①。这种“钟摆”现象实际上说明在课程理念、课程设计、课程内容、教学方法等方面存在不同的，甚至是二元对立的范畴，课程改革和发展就是在这些范畴之间不停地进行选择、决策、尝试取得进步，MOOC与传统的线下课程之间的关系也许同样如此。因此，

---

① 吕达. 中国近代课程史论. 北京：人民教育出版社，1994：349-357.

人们热切地期待它有别于线下课程的创新性。然而，实践中它却仍然在复制线下的传统课堂，这种复制体现在课程的学科和门类分布上，更表现为授课教师的性别差异、职称/职务差异。在Coursera课程中，女教师只在教育学和人文学科两个领域有微弱的课程开设数量优势，在其他14个学科/领域中女教师参与开设的课程、参与人次都少于男教师，差距最大的三门学科依次是商业与管理、工程学与生命科学。这与线下传统课程的情况很类似，以美国高校全职教师分学科女教师比重为例（见图6-6），工程学的女教师比重最低，只有8%，然后依次是自然科学（26%）和商业（32%），这种分学科性别差异与MOOC基本上是一致的。

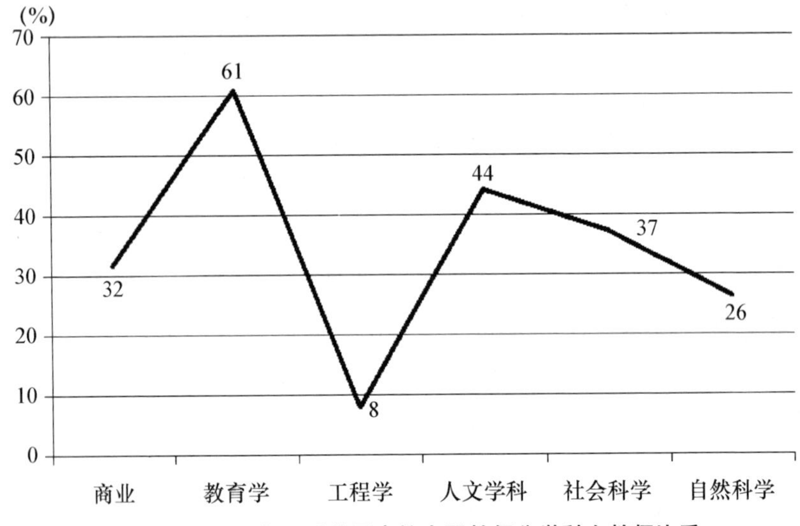

图6-6　2003年秋季美国高校全职教师分学科女教师比重

资料来源：美国国家教育信息中心．教育统计摘要，2015．其中，人文学科含英语与文学、外国语、历史、哲学，社会科学含经济学、政治科学、心理学、社会学、其他社会科学，自然科学含生物科学、物理科学、数学、计算机科学。

类似的情况也出现在职称/职务上，如图6-7所示，Coursera课程体系与中美两国高校的性别差异情况都是类似的，随着职称/职务的上升，女教师的比重呈明显下降趋势：在初级职称时，女教师比重在50%以上，到正高级，女教师比重下降到30%左右，MOOC更是低至17%。也就是说，MOOC作为一种创新的课程形式，并没有改善线下课程、传统课堂中存在的性别隔离、职称/职务差异现象。

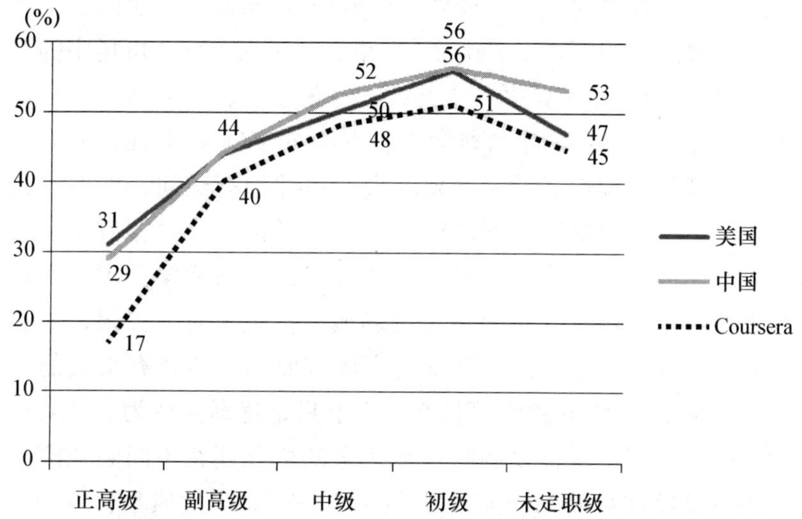

图 6-7　在中美高校和 Coursera 的课程体系中不同职称/职务女教师所占比重

资料来源：教育部. 中国教育统计年鉴 2014；美国国家教育信息中心. 教育统计摘要，2015. 在美国《教育统计摘要》中，正高级对应教授（professor），副高级对应副教授（associate professor），中级对应助理教授（assistant professor），初级对应讲师（含 instructors 和 lecturers），未定职级对应其他教师（other faculty）；在 Coursera 中，正高级对应教授、研究员、高级研究员，副高级包括副教授、实践副教授，中级对应助理教授、研究助理教授，初级对应高级讲师、客座讲师、讲师，未定职级对应博士后研究人员、科学家、资深科学家、高级科学家等。

2. 如何描述一门典型的 MOOC

在 Coursera 课程体系中，工程学在其中很有代表性，总计 47 门，不仅课程数量较多，而且全部是单开课，其中 46 门课程由男教师开设；而所有开设工程学课程的 47 位教师中 28 位是教授。因此，一门典型的 MOOC 是由男性教授开设，所属领域是自然科学或商业管理学科，开课方式是单开课。

3. 市场在 MOOC 中的强影响力

高等学校和作为其主要劳动力的教学科研人员在 20 世纪 80 年代以来面临前所未有的变革，这种变革是与市场密切相关的，包括社会科学和人文学科在内的所有领域都在不断调整自己，以适应日新月异的市场，同样，教授等专业人员也渐渐更多地融入市场[①]。这种现象毫不意外地出现在 MOOC 中。有研究者指出，MOOC 的本质就是形成一个独立的“高等教育课程市场”，从而对大学以学位为依托整体打包课程的模式形成挑战[②]。市场需求大、就业市场中的热门专业课程就是在 MOOC 平台中开设数量最多、教师参与人次最多的课程，如商业与管理、生命科学等。市场对 MOOC 的强影响力是否意味着这种新课程形式的不稳定？人们对此抱有疑问；更重要的问题在于，在市场的驱动之下，MOOC 的发展能否在教育教学、人才培养方面体现出更充分的创新性？MOOC 尽管在教学技术、互动方式等方面开拓了传统课堂所没有的领域，打破了时空界限，但它在课程的基本要素——教师、教学内容等方面的创新还有很大的进步空间。如果 MOOC 在教学等核心要素上只是逐渐演变为一种对传统课堂的简单复制，这种复制随市场资金的变化还在不间断地潮起潮落，则不仅较难实现 MOOC 的开设初衷——共享优质教育资源，促进教育机会平等和教育创新，更可能使得技术驱动产生的对高等教育的美好理想又一次落空。

第二节 MOOC 教师性别差异分析

不同的社会制度作为各个时期人类文明的产物，相互之间具有一种共生关系，科技与教育之间正是这样相互影响。高等教育课程与教学面临 MOOC 及其背后的信息技术、人工智能技术所带来的挑战与机会，以性别为切入点探讨 MOOC 教师职业内部的结构差异，有助于我们更加深入地了解 MOOC，也有助于塑造更多元的大学课程文化。

一、性别差异与教师性别隔离

性别是一个社会学概念，指男性和女性之间在心理、社会和文

① 斯劳特，莱斯利. 学术资本主义：政治、政策和创业型大学. 北京：北京大学出版社，2008：1-12.

② 陈晓宇. 新时期教育学科发展的思考. 北京大学 2018 新年教育论坛，2017-12-23.

化等方面的差异。对于性别差异的研究，主要存在以下几种观点：(1) 解剖学、生物性因素所导致的自然差异。(2) 社会化的观点，认为性别差异不是由生物学决定的，而是文化的产物，男人、女人被社会化为不同的角色。(3) 社会建构的观点，认为性别是社会建构的产物，性别差异来自社会的性别认同①。女权主义运动和女性主义理论极大地推动了性别差异问题的研究。女权主义运动的三次浪潮分别是：20 世纪初以争取平等的选举权为标志的运动；20 世纪 60 年代至 80 年代开始探讨性别不平等的体制原因，并记录女性文化；20 世纪 90 年代以后，致力于女性文化的理论建构。在这个过程中，性别研究出现了一个从弱化性别差异到尊重性别差异、从追求形式上纯粹的平等到需要实质的结果的平等的理论转向。美国女性主义法学家和社会学家法曼（M. A. Fineman）尖锐地指出，基于人类的依赖性和脆弱性需求，形式上的或者规则上的性别平等会导致实质的不平等，它不适合于家庭领域，当然更不适合解决更大的社会领域下的公正和分配问题，因此，实践上应该倾向实现结果的平等②。法国女性主义哲学家卢丝·伊里加蕾（Luce Irigaray）则提出，要实现性别平等，不应弱化性别差异，而应该建立一个强大的女性象征体系，用以再现性别差异中原本被他者化的女性一方③。

职业性别隔离主要用来描述职业领域的性别差异问题，指在劳动力市场中，劳动者因性别差异而被分配或集中到不同的职业类别，担任不同性质的工作，从而产生职业性别隔离现象④。国外的相关研究发现，男性和女性群体被集中于不同的职业或部门，女性多被限定在艺术、语言、教育、公共卫生等领域⑤；在学科/专业领域甚至

---

① 吉登斯．社会学．4 版．北京：北京大学出版社，2003.

② 法曼．性别与平等的进化缩影：一个女权主义者之旅．中华女子学院学报，2014 (5).

③ 刘岩．差异之美：伊里加蕾的女性主义理论研究．北京：北京大学出版社，2010.

④ Edward Gross. Plus Ca Change…? The Sexual Structure of Occupations Over Time. *Social Problem*, 1968, 16 (2); Anker Richard. Theories of Occupational Segregation by Sex: An Overview. *International Labour Review*, 1997, 136 (3).

⑤ Dorothy Spektorov Mc Clellan. Disparity in the Discipline of Male and Female Inmates in Texas Prisons. *Women & Criminal Justice*, 1994, 5 (2).

形成所谓“男性学科”（硬学科）和“女性学科”（软学科）的区分①，尤其是在一些以男性为主的学科中，女性因为性别的原因而游离于学术核心圈之外，成为玛格丽特·W. 罗斯特在科学史研究中所提出的“局里的局外人”②。于是，女性不得不通过各种途径，包括与学术核心成员合作研究、一起参加会议、进行研讨、保持友谊等，使自己的研究成果在某学术领域获得“合法性”③。如中国台湾在一项对大学新闻学专业教科书的调查中发现，近 50 年出版的新闻学教科书的主编（作者）只有一位是女性，还是和另一位男性合著④。中国大陆的研究也有类似的结论：2009 年某“985 工程”高校的数据分析发现，在大学教师职业发展中存在着较大程度的性别隔离，随着教师职称水平的提高，女性教师所占的比例呈明显下降趋势，在正高级职称层次这一变化尤为明显⑤；在对 68 所高校全日制教师的相关研究中发现我国学术劳动力市场的性别隔离现象存在学科差异，隔离程度严重的是工科、理科，程度比较轻的学科是医学与生命科学，女性教师多分布在医学与生命科学、人文社会科学等领域，常被隔离于工科和理科领域之外⑥。社会分层理论认为，男性和女性在职业结构中的分布状态决定了性别分层的基本形态，从而使得职业性别隔离成为导致两性之间社会经济地位不平等的重要因素⑦。于是，有社会学研究者从关注劳动力市场的性别不平等现象出发，通过探讨职业流动的性别差异，指出要解决职业地位不平等特别是社会向上流动中的性别不平等问题，最重要的途径是提高女性

---

① 王俊. 论高等教育中学科专业的性别隔离. 高等教育研究，2005 (7).

② Margaret W. Rossiter. Women Scientists in America: Struggles and Strategies to 1940. Johns Hopkins University Press, 1982; Samantha K. Muka. Portrait of An Outsider: Class, Gender, and the Scientific Career of Ida M. Mellen. *Journal of the History of Biology*, 2014 (47).

③ 王俊. 学术共同体的性别隔离——对一所研究型大学女教师叙说的分析. 妇女研究论丛，2011 (2).

④ 王俊. 大学、知识与课程的性别分析——对中国精英大学各类商业化“女性课程班”的审视. 妇女研究论丛，2016 (3).

⑤ 陆根书，彭正霞. 大学教师职业发展中的性别隔离现象分析. 高等教育研究，2010 (8).

⑥ 沈红，熊俊峰. 职业性别隔离与高校教师收入的性别差异. 高等教育研究，2014 (3).

⑦ 李春玲. 中国职业性别隔离的现状及变化趋势. 江苏社会科学，2009 (3).

的人力资本投资，尤其是在正规教育、职业培训、技术培训等方面向处于相对弱势的女性倾斜①。

本章第一节以Coursera为样本分析了MOOC的一些教学特点，发现教师开设课程存在显著的学科差异、性别差异和学校/国别差异；本节则以edX为例，通过对edX平台上的354门课程、1 053授课人次的分析，从学科和职称/职务两个维度来深入探讨MOOC教师群体中存在的性别隔离现象。讨论的主要问题是：在MOOC这种新课程模式中，教师开设的课程存在怎样的性别隔离现象？是否存在水平方向上的学科性别隔离和垂直方向上的职称性别隔离？如何在尊重性别差异的基础上使得MOOC的开设在多元化、高质量方面取得更大的进展？

二、研究方法与研究样本

1. 研究方法

本研究运用结构式的在线观察法，在线观察edX网页上的课程信息。观察法可以获得具体的MOOC数据，但它的局限性在于只能观察教师的基本教学方式，要揭示MOOC教师性别差异的“黑匣子”，则需深入教学过程，进行留言分析、访谈、文本分析，这对于研究结论的凝练和升华具有重大意义，有待在今后的研究中继续深化。

2. 样本课程

edX由46所全球顶尖大学发起，普通参与机构则有53个，既包括大学，也包括一些协会组织、基金会和公司，如特许公认会计师公会(The Association of Chartered Certified Accountants，ACCA)、微软等。它采取不同于Coursera的非营利模式，发展非常迅速，2013年课程是53门②，现在已经提供30个学科总计1 007门在线课程③，主要由全球

① 张文宏，刘琳. 职业流动的性别差异研究：一种社会网络的分析视角. 社会学研究，2013 (5).

② 哈格德. 慕课正在成熟. 教育研究，2014 (5).

③ 包括建筑学、艺术与文化、生物学与生命科学、工商管理、化学、通信、计算机科学、绘制、经济与金融、教育学、电子学、能量与地球科学、工程学、环境研究、伦理学、食品与营养学、健康与安全、历史、人文学科、法律、文学、数学、医学、音乐、慈善事业、哲学与伦理学、物理、自然科学、社会科学、统计与数据分析等30个学科。

顶尖大学提供。本研究将这 30 个学科按照人文学科、社会科学和自然科学归类，分层抽取了 354 门课程（见表 6 -7），涉及伦理学、哲学与伦理学、历史、文学、教育学、工商管理、化学、生物学与生命科学、物理、数学、医学、工程学等 12 个学科，参与任课教师总计 1 053 人次。

表 6 - 7　　　　　　　　　　样本的分布

学科门类	代码	学科名称[a]	课程数量	参与教师/组织[b]				
				总计	女教师	男教师	参与人次比重（%）	
							女教师	男教师
人文学科	1	伦理学	9	30	12	18	40	60
	2	哲学与伦理学	15	36	14	22	39	61
	3	历史	54	202[c]	40	159	20	79
	4	文学	23	31	25	6	81	19
社会科学	5	教育学	13	28	11	17	39	61
	6	工商管理	40	116	41	75	35	65
		社会科学[d]	*1*	*2*	*1*	*1*		
自然科学	7	化学	21	72	21	51	29	71
	8	生物学与生命科学	53	191	64	127	34	66
	9	物理	33	95	14	81	15	85
	10	数学	44	109	31	78	28	72
	11	医学	8	44	16	28	36	64
	12	工程学	40	97	20	76	21	78
总计			354	1 053	310	739	29	70

a edX 有少数课程同时属于两个或三个学科，统计时只计入第一位学科，下同。

b 其中 4 人次属于教师与相关学术组织合作开课，后文中除特别注明外不计入统计。

c 其中有 3 人次由学术组织署名参与开设。

d 样本中仅有一门“幸福学”（The Science of Happiness），标注学科属于社会科学学科，这是一门跨较多学科的课程，由一名女教师和一名男教师合作授课。后文中除特别注明外不计入统计。

e 其中有 1 人次由学术组织署名参与开设。

资料来源：通过在线观察法根据 edX 平台的数据整理而成。

剔除个别特殊课程，实际总样本 353 门课程，教师参与总人次

1 047，其中，女教师 309 人次，共参与开设 187 门课，男教师 738 人次，共参与开设 283 门课①。在样本中，课程数量最多的三个学科依次是历史、生物学与生命科学、数学（见图 6-8）。如果分学科统计参与人次，参与教师（人次）最多的是历史类课程（202 人次），最少的是教育学类课程（29 人次）；按学科门类统计，参与教师（人次）最多的是自然科学（608 人次），最少的是社会科学（146 人次）。

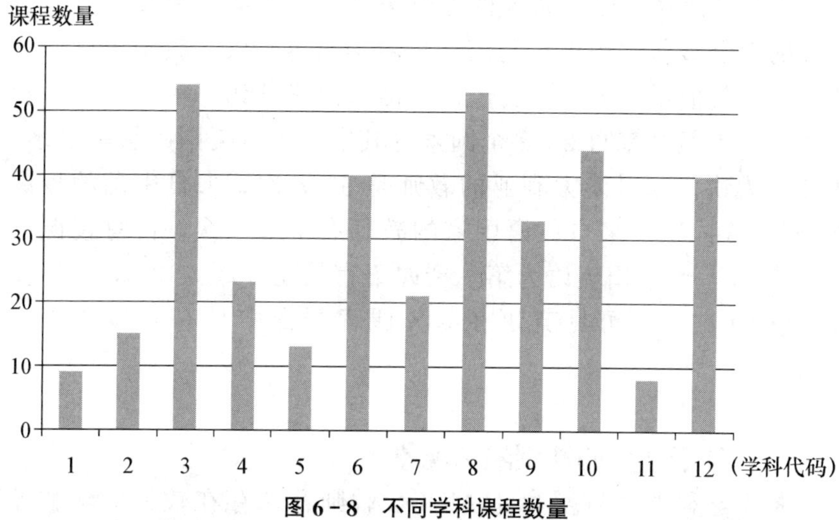

图 6-8 不同学科课程数量

注：1～12 依次是伦理学、哲学与伦理学、历史、文学、教育学、工商管理、化学、生物学与生命科学、物理、数学、医学、工程学。

3. 样本课程特点

基于样本，可以发现 edX 课程的一些基本特点：（1）采用了多种教学法，其中讲授法是最主要的方式。在讲授、讨论等传统教学方法外，edX 课程还采用了分析案例、阅读材料、演习、访谈、建立虚拟实验室、嘉宾参与、示范等方式，强调与实践的密切结合和直观、体验式教学。其中，采取讲授法的有 1 025 人次，采取讨论法的有 43 人次，有 259 人次采用了其他教学法。（2）edX 授

① 因有不少课程是由女教师与女教师、女教师与男教师，或男教师与男教师合开，所以女教师参与开设课程与男教师参与开设课程之和超过课程数量。

课教师来自各类组织，包括大学、公司、国际组织或基金会等，以大学/学院最多。具体而言，938 人次来自大学或学院，占总人次的 90%；63 人次来自非大学/学院机构，如 edX、独立实验室、中学、国际性组织（美洲开发银行、OECD）、基金会、教育公司、技术公司、咨询公司、报社等，占总人次的 6%；46 人次未标注所属组织或单位信息，占总人次的 4%。(3) 授课教师拥有突出的教学成就。有 36 人次展示了自己在教学方面的突出成就，包括传统学校课程的成功，拥有骄人的教学方法，获得教学奖项，发表过相关的教学著作，积极参与人才培养项目等。(4) 教学语言以英语为主，其他授课语言主要包括英语、西班牙语、中文、法语和韩语；授课教师来自 20 多个国家，其中，来自美国的教师最多，为 659 人次，来自澳大利亚的教师是 69 人次，来自中国的授课教师是 56 人次。来自英语国家的教师有 758 人次，占总授课人次的 72%，而使用英语为第一授课语言的是 954 人次[①]，占总授课人次的 91%，可见英语在 edX 课程授课中具有明显的语言优势。

三、基于学科的性别隔离现象

基于学科的性别隔离指 MOOC 教师开课存在较大的学科差异，在人文学科、社会科学和自然科学领域，女教师的参与都处于弱势，尤以自然科学表现最弱。在 edX，女教师基本只在文学课程上表现突出，男教师的优势则体现在工程学、物理等多个学科。

(一) 课程数量上的学科性别隔离

1. 女教师开设课程数量总体少于男教师，但文学学科例外

在女教师所参与开设的 187 门课程中，伦理学有 5 门，哲学与伦理学有 7 门，历史有 24 门，文学有 20 门，教育学 8 门，工商管理 25 门，化学 12 门，生物学与生命科学 35 门，物理 6 门，数学 24

① 其中 9 人次（含 3 门课）是英语与其他语言合作教学，即英语与中文、西班牙语、北印度语双语教学，英语是第一语言。

门，医学 8 门，工程学 13 门①，排名前三的学科依次是生物学与生命科学、工商管理、历史/数学；伦理学和物理课程最少。在男教师参与开设的 283 门课中，排名前三的学科依次是历史、生物学与生命科学、数学，文学课程最少。

在女教师独立开设的 36 门课程中，文学课程有 18 门，可谓一枝独秀；在男教师独立开设的 69 门课中，历史课程有 13 门、工程学课程有 13 门，开设数量并列（见表 6－8）。

表 6－8　　不同学科教师开设课程数量情况

学科				女教师				男教师			
				参与开设	单开课	合开课		参与开设	单开课	合开课	
学科门类	学科名称	代码	课程数量			数量	比重（%）			数量	比重（%）
人文学科	伦理学	1	9	5	1	4	80	7	1	6	86
	哲学与伦理学	2	15	7	0	7	100	15	7	8	53
	历史	3	54	24	2	22	92	51	13	38	75
	文学	4	23	20	18	2	10	5	3	2	40
社会科学	教育学	5	13	8	2	6	86	9	3	6	67
	工商管理	6	40	25	3	22	88	35	9	26	74
自然科学	化学	7	21	12	0	12	100	8	3	5	63
	生物学与生命科学	8	53	35	3	32	91	49	3	46	94
	物理	9	33	6	0	6	100	33	7	26	79
	数学	10	44	24	4	20	83	39	7	32	82
	医学	11	8	8	2	6	75	6	0	6	100
	工程学	12	40	13	1	12	92	26	13	13	50
总计			353	187	36	151	81	283	69	214	76

2．女教师开设社会科学课程数量多，男教师开设自然科学课程数量多

女教师不仅在参与开设课程总数上少于男教师，而且如果按照

① 含计算机科学、电子学，尤其以计算机科学为多。

人文学科、社会科学与自然科学区分课程门类，女教师在这三个课程门类上参与开设课程的数量也都低于男教师，其中，差距最大的是自然科学，女教师开设的自然科学课程数量只是男教师的61%（见图6-9）。但在文学、医学、化学三个学科，女教师参与开设课程数量超过男教师，尤其在文学领域优势突出，是男教师开设课程的4倍；男教师则在物理、工程学领域表现突出，分别是女教师开设课程数量的5.5倍和2倍。

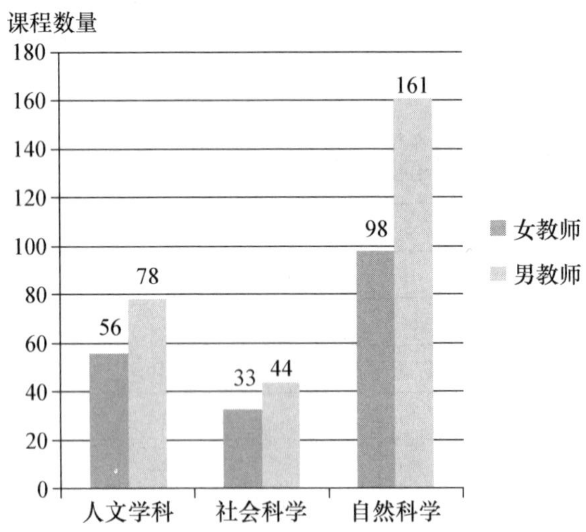

图6-9 不同领域开设课程数量的性别差异

(二) 教师参与（人次）上的学科性别隔离

因为有大量课程是由2位或2位以上的教师合开，因此样本中教师参与人次远高于课程数量。

1. 在参与人次上，女教师明显少于男教师，尤其在自然科学方面

在样本课程中，女教师参与人次少于男教师，总人次是309，为男教师的42%。其中，单开课参与人次是36，为男教师的52%，合开课人次是273，是男教师的41%（见表6-9）。

表 6-9　不同学科课程教师参与人次情况

		代码	女教师				男教师			
			参与人次	开设单开课人次	参与合开课		参与人次	开设单开课人次	参与合开课	
					人次	比重(%)			人次	比重(%)
人文学科	伦理学	1	12	1	11	92	18	1	17	94
	哲学与伦理学	2	14	0	14	100	22	7	15	68
	历史	3	40	2	38	95	159	13	146	92
	文学	4	25	18	7	28	6	3	3	50
社会科学	教育学	5	11	2	9	82	17	3	14	82
	工商管理	6	41	3	38	93	75	9	66	88
自然科学	化学	7	21	0	21	100	51	3	48	94
	生物学与生命科学	8	64	3	61	95	127	3	124	98
	物理	9	14	0	14	100	81	7	74	91
	数学	10	31	4	27	87	78	7	71	91
	医学	11	16	2	14	88	28	0	28	100
	工程学	12	20	1	19	95	76	13	63	83
总计			309	36	273	89	738	69	669	91

在参与开课人次中，按照学科门类区分，人文学科类课程总计101门，42%是女教师，58%是男教师；社会科学类课程总计53门，42%是女教师，58%是男教师；自然科学类课程总计199门，38%是女教师，62%是男教师。可见，男性教师具有明显的参与优势。也就是说，无论是从课程开设数量，还是从参与人次上看，女教师在自然科学课程上都与男教师存在显著差距。

2. 从参与人次上看开课方式的性别差异

开课方式主要包括两种，一是单开课（单独开课），指由一位教师独立开课；二是合开课，是指由2位或2位以上的教师合作开课。在教师参与总人次（1 047）中，105人次是单独开课，占10%，其余90%人次都是合开课。女教师参与单开课和合开课的人次分别是36和273，都少于男教师。

在单开课方面，首先，女教师单开课数量明显低于男教师。在353门课程中，女教师独立开设课程36门，男教师独立开设课程69

门。如果按学科区分，除文学和医学，其他课程女教师单独开课数量均少于男教师。其次，女教师单开课集中于文学课程，男教师单开课偏重工程学与历史。虽然全体女教师（人次）有 12%开设单开课，在男教师人次中有 9%开设单开课，但女教师单开课中的 50%是文学课程，男教师则偏重工程学与历史，并相对均衡地分散在工商管理、物理、数学等多门学科中。最后，女教师在物理、化学、哲学与伦理学等学科上单开课数量都是零，男教师只有医学无单开课。

在合开课方面，首先，女教师与男教师一样热衷于合作开课，女教师的物理、化学、哲学与伦理学课程 100%是合开课，而男教师的医学课程合开率是 100%。其次，在合作人数的选择上，女教师与男教师存在明显的差异，这种差异突出表现在 10 人合作和 2 人合作的开课方式上。选择 10 人合作上课的女教师只是男教师的 1/4，选择 2 人合作开课的女教师则是男教师的 30%（见图 6－10）。但是，女教师内部选择各种开课方式的比重与男教师是类似的（见图 6－11）。

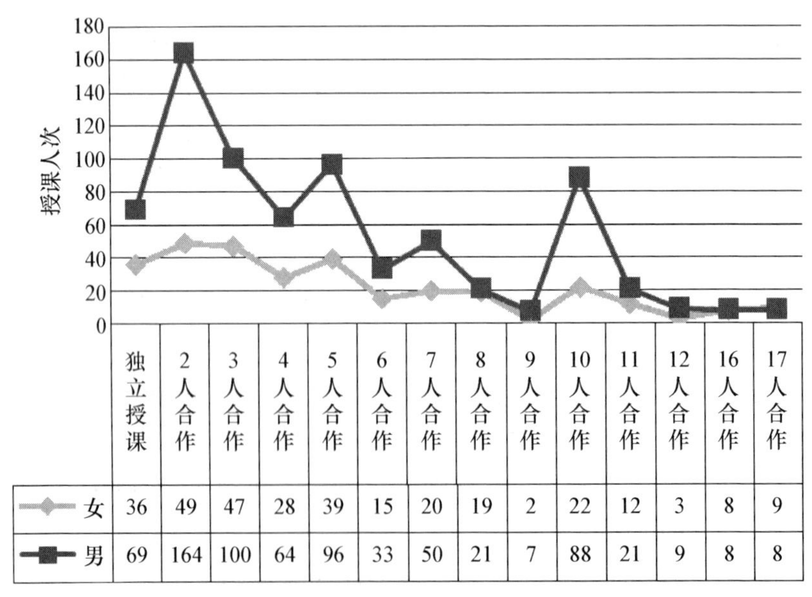

	独立授课	2人合作	3人合作	4人合作	5人合作	6人合作	7人合作	8人合作	9人合作	10人合作	11人合作	12人合作	16人合作	17人合作
女	36	49	47	28	39	15	20	19	2	22	12	3	8	9
男	69	164	100	64	96	33	50	21	7	88	21	9	8	8

图 6－10　男女教师不同开课方式参与人次

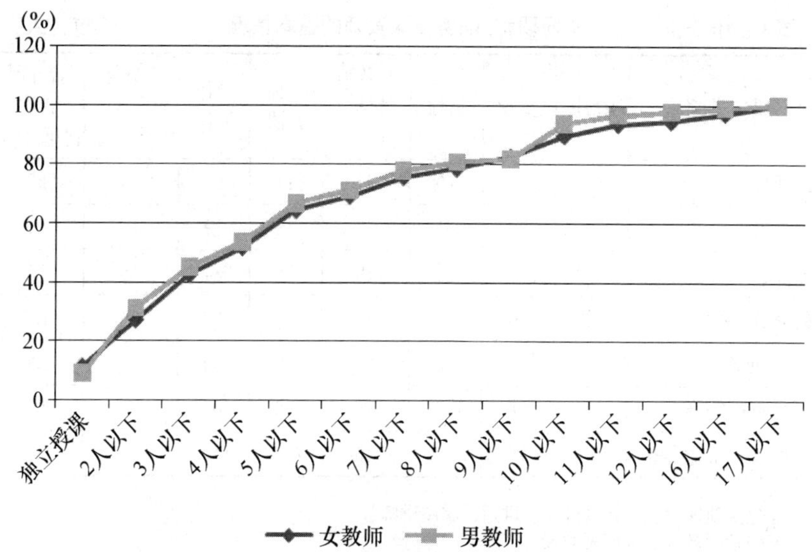

图 6-11　男女教师不同开课方式参与人次比重

四、基于职称/职务的性别隔离现象

基于职称/职务的性别隔离指 MOOC 教师开课存在较大的职称/职务差异，从助理教授、副教授到教授，随着职称的上升，女教师参与课程的比重越来越少。当然，样本课程中授课教师的职称/职务情况比较复杂，除教授、副教授和助理教授这样的职称系列之外，还有研究员、学生以及各类行政职务人员。

(一) 授课教师的职称/职务情况

1. 教授、助理教授是开课主力

从参与人次上看，教授、助理教授是开课主力。总样本 1 047 人次授课教师既包括教授系列，还包括研究员系列、学生、行政职务或其他等，其中，教授居第一的位置，为 392 人次，占总人次的 37%；排除行政职务和信息缺失部分，其次就是具有助理教授及类似职称的教师，为 106 人次，占总人次的 10%。另外，214 人次提供的是行政职务或职业岗位信息，166 人次未提供任何职称或职位信息（见表 6-10)。

表 6-10　　不同职称/职务授课教师的基本情况　　（单位：人次）

职称/职务	总计	女性	男性	女教师比重（%）	单独开课	合作开课	单开课人次比重（%）	合开课人次比重（%）
助理教授[a]	106	36	70	34	14	92	13	87
副教授[b]	87	26	61	30	8	79	9	91
教授[c]	392	74	318	19	58	334	15	85
研究员系列[d]	22	10	12	45	0	22	0	100
学生/助教[e]	60	12	48	20	0	60	0	100
行政职务/其他[f]	214	78	136	36	6	208	3	97
职称/职务信息缺失	166	75	91	45	19	147	11	89

a 包括助理教授、高级讲师、讲师、客座讲师。

b 包括副教授、客座副教授。

c 包括教授、荣誉教授、特聘教授、讲座教授。

d 包括研究员、高级研究员、研究学者、资深科学家。

e 包括本科生、硕士、博士、博士后、教学助理、研究助理、课程助理、助教。

f 包括大学入学顾问、课程主任、设计师、项目经理、部门总监、产品经理、作家、编辑、媒体制作人、中学教师、副校长、工程师等职务。

从开课方式上看，除职称/职务信息缺失部分外，教授、助理教授单独开课数量最多，分别是 58 门和 14 门；单开课人次所占比重也是最高的，分别是 15%和 13%。

2. 研究人员和学生无单开课

研究员系列包括各类研究人员，参与人次较少，并且采取的都是合作开课的方式；学生/助教的主体是本科生和研究生，他们以课程助理、教学助理或研究助理的身份参与 MOOC，参与方式同样全部是合作开课。

(二) 基于职称/职务的性别隔离现象

1. 在全部职称/职务类别中，女教师参与人次均少于男教师

如图 6-12 所示，在各类职务层次中，女教师参与课程的人次均少于男教师，并且在教授这一职称上的差距最大。

2. 随着职称升等，女教师参与比重呈下降趋势

从助理教授、副教授到教授，女教师参与授课的人次比重从 34%降到 19%。也就是说，在具有教授职称的授课教师中，女教师

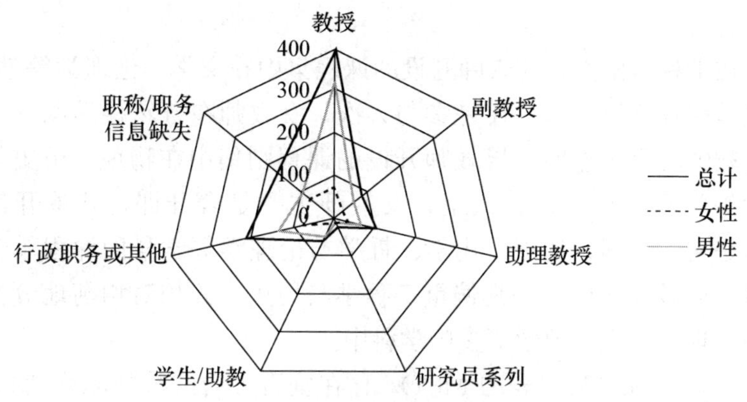

图 6-12　授课教师职称/职务的性别差异

比重最低，男教师最高。女教师参与比重相对较高的主要是研究员系列和职称职务信息缺失部分，达到 45%，并且大都采取合开课方式，研究员系列 100%是合开课，职称职务信息缺失部分合开课率也将近 90%（见图 6-13）。

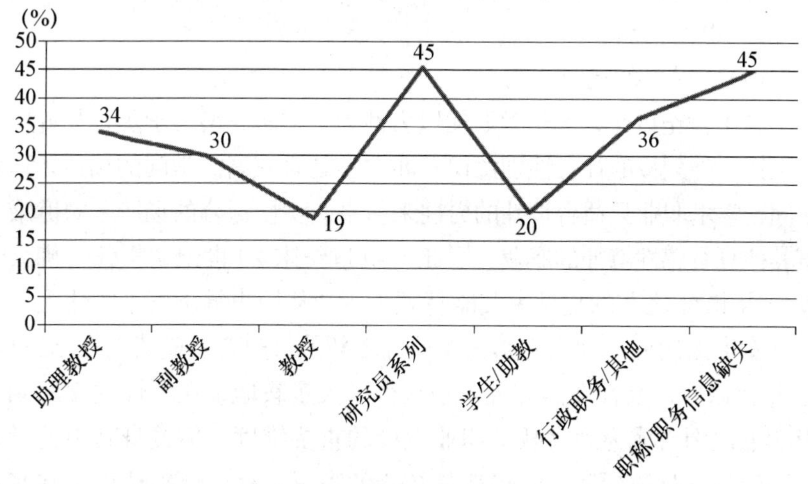

图 6-13　不同职称/职务的女教师参与人次比重

五、结论与启示

1. 研究结论

（1）以 edX 为代表的 MOOC 存在水平方向的教师学科性别隔离

现象。

在学科范围上，女教师开设的课程集中在文学、伦理学等学科，无论是课程开设数量，还是参与人次，女教师在自然科学课程上都与男教师有显著差距；男教师开设的课程则集中在物理、历史与工程学等学科。在开课方式上，女教师主要是合开课，其单开课有50%是文学课程，物理、化学、哲学与伦理学等学科的课程单开率是零；男教师的单开课则偏重工程学与历史，并相对均衡地分散在工商管理、物理、数学等多门学科中。

（2）以 edX 为代表的 MOOC 存在垂直方向的教师职称/职务性别隔离现象。

在各种职称/职务系列中，女教师参与人次均少于男教师，并且以教授职称的差距最大。换言之，随着职称的升等，女教师参与比重越来越小：在助理教授中女教师比重是 34%，而在教授职称的授课教师中，女教师比重下降到 19%，大大低于男教师。

2. 思考与启示

（1）“局里的局外人”。

自中世纪以来，大学教职便以男性为主，研究型大学更是如此。人们秉持一种刻板的社会性别意识，即大学是研究高深学问的场所，这种学问、学术职业只适合理性的男性来从事，女性适合的场所是家庭或从事其他具有感性特征的职业，因此，19 世纪末 20 世纪初担任哈佛大学校长达 40 年之久的化学家艾略特就表示“从历史继承下来的伟大知识对妇女毫无用处，因而必须为女性寻求新的（教育）模式”①。20 世纪 80 年代以后，女性在西方大学中获得了大量教职，在女性主义思潮的影响下性别也成为观察教师职业发展的重要维度，但置身其中的学术共同体却不是象牙塔，它仍然是社会的缩影，社会性别认识也在其中不断复制。女教师虽然进入了学术领域或被学术共同体有限地接纳，但社会并未从性别意义上改变其作为“他者”的位置②。罗斯特在科

① 史静寰．世界教育大系：妇女教育．长春：吉林教育出版社，2000．

② 王俊．学术共同体的性别隔离——对一所研究型大学女教师叙说的分析．妇女研究论丛，2011（2）．

学史研究中所提出的“局里的局外人”就是女性学术人的一个自画像，在学术共同体中，女教师呈现出一种“边缘化”的特征，而这种现象也同样出现在MOOC中：MOOC女教师大多处于学术职业的底层，主要开设“软学科”课程，倾向于选择与他人合开课程，也就是说，她们更多地处于一种辅助、合作的角色。总之这种教师职业性别隔离现象早已存在于大学课程教学领域，MOOC的出现并没有使之产生任何变化。

（2）MOOC的教师性别隔离现象是传统大学课程的延伸。

教师职业的性别隔离现象在传统大学课程中同样存在。国内相关调查研究发现，在学科性别隔离中，女性教师多分布在文科、医学与生命科学、经管等领域，常被排斥在工科和理科之外，且工科和理科的职业性别隔离程度最重。在职称/职务性别隔离中，女性教师多聚集于低职称/职务段，在高职称/职务段的参与课程或开设课程比例远低于男性教师①。国外也有研究指出女教师在有教学偏好的院系满意度更高，男教师在有研究偏好的院系工作满意，女性更偏好“社会性”的职位，男性更偏好“事物/数据性”的职位②。MOOC的性别隔离与上述研究存在较高的相似性，可以认为，MOOC作为一种创新的课程模式，在这一方面并没有取得令人信服的进步，它只是在复制传统大学课程的特征，特别是课程体系中的教师性别隔离现象。

（3）性别隔离现象的社会学原因及其改善途径。

伊里加蕾认为，工作承载着人类的很多基本价值，无论这些基本价值是个人价值还是集体价值，因此，工作和职业对女性的重要性不仅仅是金钱。然而现实中，很多女性即使在体制内工作，也会遭遇种种性别隔离问题③。社会学理论认为社会化过程和社会劳动的

---

① 沈红，熊俊峰．职业性别隔离与高校教师收入的性别差异．高等教育研究，2014（3）；陆根书，彭正霞．大学教师职业发展中的性别隔离现象分析．高等教育研究，2010（8）．

② Stacey R. Kessler，Paul E. Spector，Mark B. Gavin．A Critical Look at Ourselves：Do Male and Female Professors Respond the Same to Environment Characteristics?．Research in High Education，2014，55（4）．

③ 刘岩．差异之美：伊里加蕾的女性主义理论研究．北京：北京大学出版社，2010．

性别分工解释了性别差异的产生，社会化过程影响个体的态度和行为，从而塑造了女性、男性不同的社会角色。在社会的经济职业结构中，女性明显处于边缘和被支配的地位，由劳动性别分工固化产生的性别不平等是一种基础性的不平等①。

如何解决职业地位获得的性别差异问题？有研究者认为，一是提高女性的人力资本投资，尤其是教育投入；二是改善女性的社会资本投资。作为非制度性因素的社会网络渠道可以为女性向上层社会流动提供比男性更大的帮助，因此，女性可以通过改善社会网络的结构，扩大社会网络的规模，与更多不属于自己“圈子”的社会成员交往，以提高自己在社会网络中的异质性②。

基于以上讨论，大学课程建设与教学改革应该注意以下几个方面的问题：一是重视并迎接MOOC对传统课堂的挑战；MOOC所代表的在线课程所具有的划时代意义现在还没有完全显现，甚至被传统课堂所排斥，但是对高校和教师而言，它们正迅速向大学渗透，正确的应对之策不是排斥，而是以开放的姿态主动接触、学习、应用。二是改善教师职业的性别隔离现象：一方面，可以为女教师提供更多的课程参与机会，虽然女性偏好合开课程，更多地参与文科类、应用性课程而不是理科或基础类课程，但通过教育投入，社会网络结构和规模的改善，可以逐步改善这种性别隔离现象。除了女教师主动地寻找合作伙伴，学校和院系可以为女教师提供额外的资金资助和参与名额，开设专门的研讨论坛，使女教师获得更多的参与机会，提高自己的社会资本，从而完善在线下传统课程和MOOC中的表现。另一方面，需要重新认识性别差异，构建多元化的课程文化。女性主义理论对性别差异的认识大致经历了这样一个过程：性别不平等—忽视性别差异，追求形式上的、纯粹的平等—结果的平等或实质的平等。追求实质平等的主张认为，性别差异是两个主体之间的差异，从而重新确立了对女性主体性的认识，有助于改善

① 洪大用，肖晨阳．环境关心的性别差异分析．社会学研究，2007（2）．

② 张文宏，刘琳．职业流动的性别差异研究——一种社会网络的分析视角．社会学研究，2013（5）．

社会中的性别隔离现象。因此，女性不是去改变自己，培养自己“萎缩的男性气质”，而是要不断通过各种实践去强化这种女性身份，从而实现女性主体性[①]。

因此，尊重性别差异，增强对女性主体性的认同并追求实质平等，有利于推动课程文化的多元和平等。因为性别差异是人类最基本的差异，只有尊重性别差异，才能构建其他社会系统的均衡与协调，高等教育及其课程亦是如此。

---

① 刘岩. 差异之美：伊里加蕾的女性主义理论研究. 北京：北京大学出版社，2010.

第七章　我国高等教育课程研究情况

课程是大学教育的核心，课程变革推动着高等教育的变化与发展。通过课程，科学知识、思想和制度进入大学；通过课程，大学生们实现了社会化、专业化；通过课程，大学人才培养活动更加制度化。当前，高等教育的内外部多重因素继续影响和推动大学课程的发展，课程研究已经成为高等教育研究的一个重要领域。

第一节　高等教育课程研究现状分析

大众化和普及化阶段的到来，使得我国高等教育面临从规模扩张到结构优化、质量提升的转变，这种发展模式的转变首先体现在人才培养上，进而传导到课程和教学上，对本科课程改革和研究生课程体系建设形成压力。2015 年发布的《统筹推进世界一流大学和一流学科建设总体方案》强调立德树人、培养拔尖创新人才，把人才培养放在核心地位；2013 年颁布的《关于深化研究生教育改革的意见》，指出研究生教育改革的主线是服务需求、提高质量，改革的着力点是分类推进培养模式改革和统筹构建质量保障体系，开始更加强调研究生创新精神和实践能力的培养。在高等教育内涵式发展的背景之下，关键的问题是课程怎么改才能突出创新精神和实践能力的培养？

研究生课程、本科课程、高中课程三者紧密地结合在一起，作为高等教育课程的政策制定者和研究者，需要对这三个课程体系建设进行系统性设计，更需要一份比较准确的现状分析、一个较为明确的课程建设指导原则和一种理论性的课程改革支持框架。那么，高等教育研究中的相关课程研究成果现状是什么样的？它能够反映现实问题吗？它能够提供课程发展与改革的理论框架吗？在高等教育改革及其课程改革大踏步前行之时，我们有必要分析其已有的研究基础。

一、课程研究现状

奥恩斯坦等认为课程从广义上讲，是对学习者的经验所做的处理；从规范性角度看，是一种行动计划或一种书面文献，包括达到既定目标或目的的策略①。课程既包括设定行动计划和书面文献的显性课程，又包括无法预设目标、没有固定教材的隐性课程。本书第一章对课程是什么进行了详细的剖析：课程的本质是学习者的训练与经验，课程涉及国家、学校、教师等多个层面，任何一个层次的课程对学校、教师、学生的活动都有巨大的影响。课程教学研究在欧美国家具有悠久的历史，在课程理论研究方面，突出的是课程社会学的分析，主要代表人物有英国的伯恩斯坦（Basil Bernstein）、扬（Michael Young）和美国的阿普尔（Michel Apple）等，虽然他们具体主张不同，但主要从批判的角度认为社会和学校中的知识体现了社会分层，课程是文化再生产，是一种知识或文化资本的选择与分配活动。20 世纪 70 年代以来，课程社会学注重把微观课堂、课程教学实践与课程体系、宏观社会学整合在一起，对宏观课程改革和微观课程实践进行深入研究，取得了一系列令人瞩目的研究成果。在美国，高等教育课程研究与通识教育运动的发展密切联系在一起。20 世纪初，通识课在美国哥伦比亚大学兴起；1945 年、1978 年，美国大学兴起了两次通识教育运动，以哈佛大学为代表的几乎所有研究型大学都进行了本科课程改革。通识教育的影响之大，使有些学者指出“在 20 世纪 50 年代，通识教育已成为全美国划一的一种制

① 奥恩斯坦，费朗西斯．课程：基础、原理和问题．南京：江苏教育出版社，2002：12.

度”（赫钦格），形成名著课程、选修课程、核心课程等多种通识核心课程模式；20 世纪 80 年代以后，在科学主义、就业和质量压力的共同影响下，美国高等教育界开始对前一阶段的本科课程改革进行反思，重新思考本科阶段通识教育与专业的关系，放弃了二者非此即彼的割裂关系，开始以整体知识观调整本科课程，强调课程的整体性，通识核心课程也从“西方文明中心”转向“文化多元主义”。21 世纪，全球化、多样性和整体课程思想引领着各国本科课程体系的新发展。

当前，经济的全球化、社会发展的转型，构成了大学课程改革的外部压力，对人才培养质量的追求成为大学课程改革的内部动力，我国高等教育研究者对课程研究的热情持续高涨。在 CNKI 期刊论文数据库上进行检索后发现，2000 年以后，在高等教育领域相关的文献中关键词是“课程”的核心期刊和 CSSCI 文章篇数呈波浪式上升趋势（见图 7－1），2000 年只有 7 篇相关论文，2013 年有 49 篇，这是一个高峰值，2014 年到 2016 年又有所减少，但从整体上，与“课程”相关的研究文献有了较大发展。

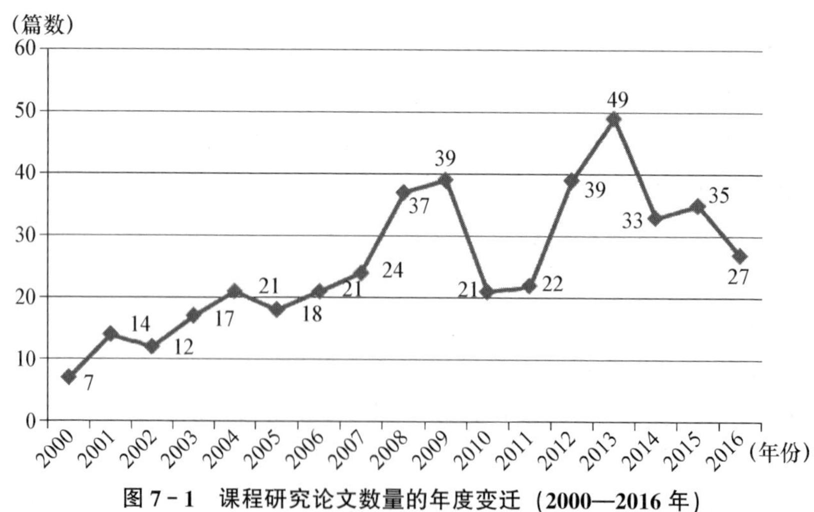

图 7－1　课程研究论文数量的年度变迁（2000—2016 年）

注：2000—2013 年的数据于 2014 年 11 月采集，2014—2016 年的数据于 2017 年 10 月补充。

CNKI 是全文数据库，图 7－1 的数据反映了与“课程”相关的主题论文的增长趋势。如果要深入探析课程研究的主题，需要选择合适的数据库进行样本分析。本研究以2012年度的《中国高教研究》、《高等教育研究》和《高等教育》① 为样本，采用目的性抽样中的关键个案抽样法，运用词频统计分析法进行分析。2012年，《中国高教研究》刊登了5篇“课程”（教学）论文，《高等教育研究》刊登了10篇“课程”（教学）学术论文，《高等教育》作为二次转载期刊，共转载了19篇“课程”（教学）论文，这3本期刊刊载的以“课程”为主题的论文比重分别是15%、29%和56%（见图7-2）②。

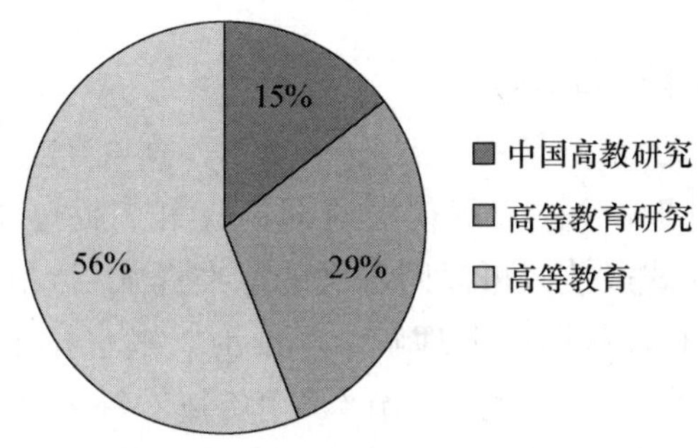

图7-2 “课程”研究论文的期刊分布

按照论文主题进行分类③，关于课程模式的论文共有7篇，所占比例是21%；关于课程设置与课程建设的论文共8篇，所占比例是24%；关于教学模式、策略与学习方式的论文共11篇，所占比例是33%；关于课程、教学评估与质量的论文共4篇，所占比例是12%；关于课程与教学发展的论文共3篇，所占比例是9%（见图7-3）。

---

① 《中国高教研究》是中国高等教育学会的会刊，《高等教育研究》是中国高等教育学会高等教育学专业委员会的主办刊物，人大复印资料《高等教育》是我国高等教育领域创刊历史最早的二次转载期刊。

② 会议综述、新闻报道、书评等没有涵盖在内；另外，在《高等教育》转载的19篇论文中，有1篇来自《高等教育研究》（2012年）。

③ 因《高等教育》中有一篇转载自2012年的《高等教育研究》，故此处按主题统计总共是33篇论文。

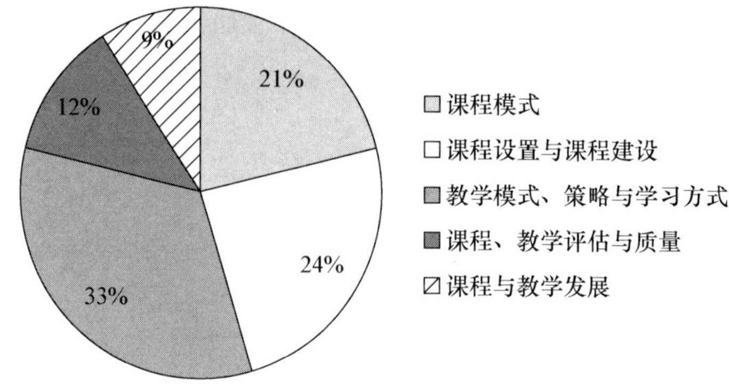

图 7－3　课程研究论文主题的分布

二、课程研究的主题

1. 课程模式

关于"模式"一词，《现代汉语词典（第 7 版）》的解释是"某种事物的标准形式或使人可以照着做的标准样式"，相对应的英文是"mode""model"，从词源上理解，"mode"来自拉丁文"modus"，含有"方式""曲调""尺寸""节奏""旋律"等含义，"model"则含有对事物进行理论描述的意义。美国比较政治学者比尔和哈德格雷夫认为"模式是再现现实的一种理论性的、简化的形式"。课程模式，是对课程进行理论描述，对课程实践进行再现的简化形式，包括课程观、课程结构、课程功能等。2012 年，国内研究者从学科与专业发展、中外比较等多个角度对课程模式进行了研究，其中，研究者最为关注的部分还是本科通识教育。

（1）通识教育是 20 世纪以来最为重要的课程模式之一，而它最核心的问题是本科通识课程的设置及其与专业课程的关系。

通识教育首先在美国兴起。基于两份关于美国通识教育的调查报告①，虽然通识教育在美国高等教育体系中实施了近一个世纪，但

① 2009 年美国哈特调查协会（Hart Research Associates）的《通识教育的趋势与新兴实践：基于美国学院与大学协会会员学校的调查》（Trends and Emerging Practices in General Education：Based On A Survey among Members of The Association of American Colleges and Universities）以及 2009—2011 年美国大学委托人与校友委员会（The American Council of Trustees and Alumni，ACTA）的《他们将学到什么?》（What Will They Learn?）。

它的教学和实效并不令人满意，美国的实用主义传统及2008年国际金融危机使得大学走向市场化，用户至上主义导致更多职业课程的设立；通识课程资深教授流失，教育师资水平下降；学生追求职业性课程，所有这些因素加剧了美国本科通识教育的危机①。在大学本科课程问题上，日本是除美国之外受通识教育课程理念影响最大的国家。日本大学本科课程模式的发展经历了三个阶段：第一阶段是从二战后至20世纪90年代初，“一般教育”与专业教育课程相分离；课程改革主要是对美国通识教育内容的引进与学习。第二阶段是从20世纪90年代初至21世纪初，“教养教育”与专业教育课程开始融合；“一般教育”改称为“教养教育”，课程改革的主要内容是如何配置“教养教育”课程，使之与专业教育课程有机融合。第三阶段是从21世纪初至今，本科课程改革向“学士课程教育”转变；课程编制和课程教育从“教什么”向“会什么”转变，以学生的“学习成果”为教育的核心目标②。

通识教育在美国陷入的教学困境引起了中国研究者的深思，提出通识课程并不排除职业生涯发展教育内容。大学通识教育的目的是培养完整的人，缓解作为职业人和作为理想人之间的矛盾③。因此，通识教育与个体职业生涯发展有着密切关系，它们是一个不可分割的整体，大学在开展通识教育的同时，应该采取设置跨学科课程、丰富教学设计及培养实践能力等途径、方法和策略，实现通识教育和职业生涯发展教育的整合④。其中，最重要的是通识教育课程由什么样的教师、以何种方式开设。

（2）课程模式与学科、专业关系的发展。

学科专业的发展与课程紧密相关，不同的课程模式，会给学科和专业发展带来完全不同的道路和命运。同时，不同的学科理念，

---

① 杨九斌．通识教育在美国：近一个世纪来的成就与危机．复旦教育论坛，2012（4）．

② 闫飞龙．日本大学本科课程模式的演变及发展趋势．高等教育，2012（1）．

③ 刘铁芳．大学通识教育的意蕴及其可能性，高等教育研究，2012（7）．

④ 苏彦捷，刘秋颖．本科通识教育在个体职业生涯发展中的作用．高等教育，2012（3）．

也会产生差异很大的课程设置。一方面，研究者从纵向历史分析和横向比较研究两个角度讨论了这一问题。以近代中国教育学科的课程设置与发展模式为例，由于教育理念、培养目标的不同，高等师范院校、综合性大学、教会大学和私立大学的课程模式分别体现为师范、学术、宗教、社会服务等不同特点①。另一方面，也有研究者关注国外一流大学专业发展与课程设置的关系②。哈佛教育研究生院在20世纪初刚成立时设置了培养高中教师的8门教育课程，然后经历了一系列变革，包括以“教学法”为中心、以“教育史、教育哲学、教育社会学”为中心的课程模式，20世纪40年代后确立“社会科学化”的教育研究课程模式，学科发展的不同目标导致学院不同的课程设置，哈佛教育研究生院专业和课程模式在百年里经历了迷惘、动荡与繁荣。

2. 课程设置与课程建设

研究者们注重从不同学科、不同领域或不同类型的学校切入课程设置和课程建设研究，较多运用个案研究和比较研究的方法。

(1) 研究生课程设置。

合理的课程结构对于提高研究生培养质量至关重要，当前研究生课程结构存在以下一些问题：选修课比例低，只占到研究生培养总课时的20%左右；非正式课程数量少；课程国际化程度不高；本科、硕士、博士课程层次不清晰、界限模糊③。

(2) 教师教育领域的课程建构。

教师教育课程是近几年研究关注度较高的一个问题，密歇根州立大学的教师教育课程设置采取整合取向，一是强调以研究为基础的教学知识和课程知识，注重专业实习；二是强调高水平的学科知识标准和教育专业标准，倡导专业取向与社会公正取向和教师教育思想的融合④。研究者试图建构我国教师教育课程的理论框架，提出

① 项建英. 近代中国大学教育学科设置的四种模式. 高等教育，2012 (9).

② 周勇. 动荡的学科与专业——哈佛教育研究生院的百年难题. 高等教育，2012 (8).

③ 孙健. 研究生教育课程结构及其优化的理性思考. 中国高教研究，2012 (3).

④ 谈心，易连云. 密歇根州立大学教师教育课程述评——以初等教育专业为例. 高等教育研究，2012 (5).

了教师教育课程框架设计的三个基点——专业化、标准化与优质化，在此基础上，课程设计在理论上应考虑三个因素：教师专业实践内容、教师专业要求等级与教师专业理论水平。这三个因素在实践中呈现一种循序渐进、专业水平不断提升的喇叭式结构①。

（3）借鉴国外大学的课程设置经验，把提升大学生就业能力的理念融合在课程设置和教学过程之中。

英国里丁大学（University of Reading）研发了职业生涯管理技能（Career Management Skills，CMS）课程，注重唤醒学生的内在潜能，对学生进行分群类教，传授支持学生长远发展的技能；并通过可重复使用的学习目标、系统全面的主题、丰富多样的视频资源以及互动式的练习资源库等促进课程目标的实现。我国高校可以在设计理念、运行方式、组织模式方面加以借鉴，增加实践课程，完善就业指导课程体系，把课程设置与职业生涯规划、提升学生就业能力融为一体②。

3. 教学模式、策略与学习方式

从宏观转向微观、从教材分析转向对人的研究是课程研究的发展趋势。课程的实施，包括教学模式、教学策略的运用，学生学习方式的改善，是大学课程与教学研究的热点。由于教学的学科特征明显，学科间差异显著，因此，有相当数量的学科教师活跃在教学模式、策略与学习方式研究的前沿。

（1）大学教学现状与问题。

当前我国教学还存在一些盲点，学生仍处于教学过程的边缘而缺乏学习主动性，学习投入不足；教学方法本身的教育功能没有充分发挥；学生课外学习不足、“做中学”的机会欠缺，使得学生的综合素质，尤其是动手能力和创新能力不足③。

---

① 林钧．论标准化视野下的教师教育课程框架设计．中国高教研究，2012（6）．

② 王占仁，常飒飒．英国高校职业生涯管理技能课程研究：以英国里丁大学为个案．中国高教研究，2012（10）；陈均土．大学生就业能力与高校的课程设置：来自美国高校的启示．中国高教研究，2012（3）．

③ 叶信治．美国大学课程质量保证机制研究．高等教育，2012（2）．

针对如何提高大学课程教学效果，研究者从不同的角度提出了不同的路径和建议，包括通过提供探究的时空、物质及评价等条件，整合书本知识与社会现实、课堂内与课堂外的探究教学等举措，促进包含理解探究、模仿探究和独立探究的研究性教学①；通过促进教师教学策略知识的搜集、保存与传递，提升教师对教学策略进行知识管理的能力，提升教学效果②；引入互动教学法，培养学生批判性阅读和批判性思维的能力，发现、分析、解决问题的能力，以及团队合作的能力，从而提高文科课堂教学效能③。

（2）课程学习方式与大学生发展。

课程和教学的目的是促进学生的发展。从大学生的角度，如何提高课程教学效果、促进大学生发展，是课程研究的另一个重要课题。陆根书对全国 15 所高校 3 000 余名学习了高等数学课程的大一学生进行了调查，发现大学生感知的课堂学习环境与其采用的学习方式具有非常紧密的联系，而大学生感知的课堂学习环境、采用的学习方式对其认知与情感发展具有显著影响。因此，改善大学课堂学习环境，如改善师生关系、降低课堂竞争气氛、改变课堂被少数同学控制的状态、减少班级人数等，可以成为转变大学生学习方式、提高大学生学习质量的重要途径④。王纾则利用 2010 年中美两国大学生学习性投入调查（National Survey of Student Engagement，NSSE）数据，发现在课程认知目标体验、课堂教学体验两方面中美两国学生存在显著差异，为提高课堂教学活动的有效性，今后我国的本科课程教学应加强对课程目标梯度结构的改进，增加跨学科的整合性学习，发挥合作学习活跃的优势，加强师生互动⑤。同样是关

---

① 陈佑清，吴琼. 为促进学生探究而讲授——大学研究性教学中的课堂讲授变革. 高等教育研究，2012（2）.

② 李红恩，靳玉乐. 论教师教学策略的知识管理，高等教育研究，2012（1）.

③ 黄萍. 提高高校文科课堂教学效能的实证研究——基于 Presentation 教学法. 华南师范大学学报（社会科学版），2011（5）.

④ 陆根书. 课堂学习环境、学习方式与大学生发展. 高等教育，2012（11）.

⑤ 王纾. 中美研究型大学本科课程教学的比较研究：以学生课程学习体验为视角. 外国教育研究，2012（4）.

于学生的学习参与，龚放等运用的是另一项调查（研究型大学学生参与，Student Engagement in Research University，SERU）中的2011年中国南京大学和美国加州大学伯克利分校的比较数据，他发现我国的大学生强于“学业学习习惯”，而在“课堂参与与创新”“同伴合作与互动”“批判性推理与创新思维”三个维度上，都明显弱于美国加州伯克利分校的学生①。

4. 课程、教学评估与质量

(1) 课程与教学评估。

在全球化时代，如何评估高等教育课程和教学，如何评估学生学习质量，不仅是各个大学面临的压力，而且成为政府层面的课题。各国（美国、英国、澳大利亚、加拿大、巴西、墨西哥等）纷纷开展各种学习结果评估，这些调查工具主要依托学生发展的理论，以“学生主体”和“学生学习”为中心思想。目前，国内有部分大学已经引入或以各种形式参与一些大学生学习评估。对于这些学习评估，除了考虑评估工具形式和内容的适用性，更重要的是思考如何推进学生发展理论的本土化、评估团队的专业化、评估技术的精良化，以及如何掌握获取更多政策和经费的支持的有效方法②。

(2) 保障、提高课程教学质量。

评估工具是用来检验、测量课程、教学、学习的质量的，评估的目的就是保障、提高课程教学和学习质量。美国大学保障课程质量的策略是：以课程的开设、变革和退出机制保证所开设的每门课程的质量和价值，以选课制、基于课程纲要的教学、学生深度参与的教学方式、严格的评分制度、与教师利益相关的教学评价制度等来保证课程实施的质量③。从学生的角度看，学习是学生“教学”观

---

① 龚放，吕林海. 中美研究型大学本科生学习参与差异的研究——基于南京大学和加州大学伯克利分校的问卷调查. 高等教育研究，2012 (9).

② 吕林海. 国际视野下的本科生学习结果评估——对“评估什么”和“如何评估”的分析与思考. 比较教育研究，2012 (4)；李湘萍. 美国大学生学习评估工具分析和比较. 高等教育，2012 (6).

③ 叶信治. 美国大学课程质量保证机制研究. 高等教育，2012 (2).

念指导下的自主行为，学生关于“教学”的观念对学习效果、课程教学效果有显著影响。以课程观为例，克劳福德（Crawford）关于数学课程观的调查发现，大学一年级学生对数学的认识，从具体到抽象、复杂共有五种课程观：一是认为数学基本上是数字的运算和运用，二是认为数学是可以用来解决复杂问题的复杂的逻辑系统，等等①。课程观的不同会影响学生的学习行为和学习效果，实际上，那些认为数学就是数字的学生在学期结束时所得的测试成绩要比那些对数学有全面认识的学生低得多②。通过促进师生教学中的深度合作，高度重视学生的教学观念，从而把教学质量建设推向微观深层。

5. 课程与教学发展

课程与教学发展的一个重要趋势是课程国际化。全球化和大学之间的竞争，使得高等教育国际化受到越来越高的重视，加拿大学者邦德（Sheryl Bond）就认为，高等教育国际化的元素将近 20 个，但没有一个元素的地位可与课程国际化相提并论。由于课程的重要地位，课程国际化在各大学受到前所未有的重视。经济合作与发展组织认为课程国际化是指以课程内容和形式的国际化为导向，以学生能够胜任在国际化和多元文化环境中的专业化、社会化工作为目标，为国内和国际学生设计专门的课程。其中，外语学习是课程国际化的基础性条件和前提条件，美国一些大学通过整合外语学习与学科课程，开设海外联合学位课程、网上开放课程等，努力使课程逐渐摆脱区域和语言的束缚③。

课程与教学的发展离不开专业人才培养，但我国目前相关人才的培养状况并不乐观。1981 年 1 月我国开始实行学位制度后，就已经在一些师范大学正式招收课程教学论研究生，但当前课程与教学论专业研究生的培养已趋饱和，并呈现供给过剩的危机，培养质量日趋下降。为此，研究者提出必须重新思考和厘定课程与教学研究

---

① 刘小强，何齐宗．跨越师生教学的观念鸿沟：走向微观深层的高校教学质量建设．高等教育研究，2012（9）．

② 普洛瑟．理解教与学：高校教学策略．北京：北京大学出版社，2007：45．

③ 钱小龙，汪霞．美国大学课程国际化之路．高等教育，2012（8）．

生培养的目标与定位，更新培养模式，建立分流和淘汰机制①。

第二节　转向微观与实践研究——课程研究的发展与思考

课程变革是大学发展的核心与基础，“近代大学之所以是‘近代’的，最根本的动力与标志就是科学技术以知识的形态，转化为课程进入大学，成为大学内部的核心，推动大学自身方方面面的变化与发展。因此，中世纪大学嬗变为近代大学，它的核心是课程的改革——科学技术进入大学课程之中”②。如果说课程是中世纪大学嬗变为近代大学的重要标志，那么，现代大学的转型、创新人才的培养、我国高等教育的内涵式发展都有赖于课程实践和课程理论的支持。

一、转向微观课程理论与课程实践研究

推动建立在数据和质性资料基础上的微观课程理论与课程实践研究。20世纪20年代课程研究在西方兴盛起来，70年代以后，课程社会学学者与课程论学者一起主导课程研究的发展。作为一个近十余年才在我国蓬勃发展起来的研究领域，现有的大学课程与教学研究从内容上看，注重通识教育课程和课程教学质量问题，注重引进和介绍国外一流大学的课程发展经验，注重课程与大学生发展的关系，以及对学科教学经验的总结。已有的大学课程研究促进了大学专业教育、通识教育的发展，促进了人才培养质量的提升，不足之处是欠缺微观课程实践研究和理论研究，课程教学实践、课程理论、课程历史研究稀少。以课程比较研究为例，长于对国外大学经验的介绍，对国内大学的课程情况只是一些粗线条的描述，缺乏翔实的数据和质性材料支撑。

---

① 吉标，徐继存．我国课程与教学论专业研究生培养30年：历史、现状与思考．中国高教研究，2012（10）．

② 潘懋元，陈兴德．高等教育理论呼唤高等教育史研究．教育研究，2004（10）．

课程是一个研究领域，包括课程思想、课程设置、课程内容、课程结构、课程评价、课程史、课程实践等基本问题，在不同的高等教育发展阶段，课程问题的具体表现会有所差异。现阶段，本科课程的关注点主要集中在教学与学习效果，专业课程建设、通识课程建设以及二者之间的关系，不同类型、不同学年之间课程内容的衔接，不同类型课程的教学方式，课程教学中的师生互动，网络公开课等新的课程形式，新媒体在课程中的运用，等等。研究生课程的主要问题在于如何培养学生的批判性思维能力和创新能力、如何培养学生的学术研究能力等等；很多研究者缺乏国内本科和研究生课程发展的第一手资料，相关研究只能停留在感性认识和经验体悟层面，在理论深度和实践价值方面，不及基础教育阶段的课程研究。因此，大学课程研究的一个迫切任务是扎根学校、班级、课堂和教材，做一些基础的文本、案例研究和扎实的数据分析工作；在此基础上，推动课程实践研究和理论研究的发展。

二、研究方法与理论的结合

在课程研究的方法体系上，经历了从强化研究方法到强调方法与结论、理论的完美结合的过程。研究方法是为研究目的、内容、结论服务的。2012 年已有的一些课程教学研究比较深入、细致，研究者参与引进，并在国内大学实施国外比较成熟的课程教学调查项目，包括 NSSE、SERU 调查等，可以获得比较翔实的调查数据、建立模型，进行差异性、相关性分析。但是，相对于研究过程，一些结论的获得就稍显论证不充分。换言之，研究过程有一套新的话语体系，但研究结论却比较简单，容易给人“新瓶装旧酒”的感觉。因此，把方法的创新与研究结论的充分论证、理论的形成相结合，是高等教育课程研究面临的一个重要任务。

三、从学生出发的课程与教学研究

从教到学、从教师到学生的转变，从教材到学生、注重人的研究是课程教学领域多年强调的教学实践主题；然而，研究者自身的研究也往往注重从学校、教师或教学的角度分析课程，对课程教学过程中学生的角色较少涉及，忽略了学生视角下的研究。随着社会的变革，这些年大学生不仅在群体组成上发生了很大的变化，而且在生涯规划、心理素质、行为表现等方面变化更大。学生的行为选择背负了太多的东西，其中既有社会竞争和文化价值观的压力，又有父母期望其成功和顺利就业的压力，使得学生不知道自己的学习和生活兴趣在哪里，不清楚自己内心真正的喜好，无法找到自己真实的潜能。这是学生们的无奈之处，也是教育的悲哀。作为培养人才的社会组织，大学在教育教学活动中必须面对这些重要的问题；作为高等教育学的一个专门领域，高等教育课程研究必须要有学生意识，重视课程与教学中的学生实践问题。

21 世纪无疑是教育的世纪，但这不是一种灌输式、程式化的教育，而是一种责任和服务的教育，任何教育改革与发展都要为学生学习质量的提升和学习能力的发展负责，要将重心转向学生。不仅注重教，而且注重学；不仅注重过程，而且注重结果；不仅注重理论，而且注重实践。这是教育的理念，更是教育研究的愿景。在高等教育大众化和普及化的阶段，如何从“严进宽出”的入口质量管理模式转向“严进严出”或“宽进严出”的出口质量管理模式，提高课程教学质量，更新人才培养模式，培养拔尖创新人才，是高等教育课程研究的出发点与落脚点。

参考文献

著作类

1. 杜威. 杜威教育文集：第 1 卷. 北京：人民教育出版社，2008.

2. 博比特. 课程. 北京：教育科学出版社，2017.

3. 派纳，雷诺兹，斯莱特里，陶伯曼. 理解课程（上，下）. 北京：教育科学出版社，2003.

4. 吕达. 中国近代课程史论. 北京：人民教育出版社，1994.

5. 施良方. 课程理论——课程的基础、原理与问题. 北京：教育科学出版社，1996.

6. 钟启泉. 课程论. 北京：教育科学出版社，2007.

7. 钟启泉. 现代课程论. 新版. 上海：上海教育出版社，2006.

8. 奥恩斯坦，汉金斯. 课程：基础、原理与问题. 3 版. 南京：江苏教育出版社，2002.

9. 刘易斯. 失去灵魂的卓越：哈佛是如何忘记教育宗旨的. 上海：华东师范大学出版社，2012.

10. 哈里楠. 教育社会学手册. 上海：华东师范大学出版社，2004.

11. 马格里斯. 高等教育中的潜在课程. 上海：华东师范大学

出版社，2005.
12. 扬. 未来的课程. 上海：华东师范大学出版社，2003.
13. 阿普尔. 意识形态与课程. 上海：华东师范大学出版社，2001.
14. 韦斯特贝瑞，沃尔科夫. 科学、课程与通识教育——施瓦布选集. 北京：中国轻工业出版社，2008.
15. 斯劳特，莱斯利. 学术资本主义：政治、政策和创业型大学. 北京：北京大学出版社，2008.
16. 黄福涛. 外国高等教育史. 上海：上海教育出版社，2003.
17. 王伟廉. 课程研究领域的探索. 成都：四川教育出版社，1988.
18. 迈克尔·吉本斯，等. 知识生产的新模式——当代、社会科学与研究的动力学. 北京：北京大学出版社，2011.
19. 华勒斯坦，等. 学科·知识·权力. 北京：三联书店，1999.
20. 黄显华，霍秉坤，徐慧璇. 现代学习与教学论：性质、关系和研究（第一卷，第二卷，第三卷）. 北京：人民教育出版社，2014.
21. 佐佐木毅，金泰昌. 公与私的思想史：第1卷. 北京：人民出版社，2009.
22. 克拉克. 研究生教育的科学研究基础. 杭州：浙江教育出版社，2001.
23. 科恩，基斯克. 美国高等教育的历程. 北京：教育科学出版社，2012.
24. 王英杰，刘宝存. 世界一流大学的形成与发展. 太原：山西教育出版社，2008.
25. 佐藤学. 教师的挑战：宁静的课堂革命. 上海：华东师范大学出版社，2012.
26. 安德森，索斯尼克. 布卢姆教育目标分类学——40年的回顾. 上海：华东师范大学出版社，1998.
27. 安德森，等. 布卢姆教育目标分类学. 修订版. 北京：外语教学与研究出版社，2009.

28. 马扎诺，肯德尔. 教育目标的新分类学. 北京：教育科学出版社，2012.

29. 哈蒂. 可见的学习. 北京：教育科学出版社，2015.

30. 林崇德. 学习与发展——中小学生心理能力发展与培养. 北京：北京师范大学出版社，2003.

31. 庞维国. 自主学习——学与教的原理和策略. 上海：华东师范大学出版社，2003.

32. 泰勒. 课程与教学的基本原理. 北京：人民教育出版社，1994.

33. 曲士培. 中国大学教育发展史. 太原：山西教育出版社，1993.

34. 许美德. 中国大学 1895—1995：一个文化冲突的世纪. 北京：教育科学出版社，2000.

35. 大塚丰. 现代中国高等教育的形成. 北京：北京师范大学出版社，1998.

36. 于述胜. 中国教育制度通史：第 7 卷. 济南：山东教育出版社，2000.

37. 苏渭昌，雷克啸，章炳良. 中国教育制度通史：第 8 卷. 济南：山东教育出版社，2000.

38. 布鲁贝克. 高等教育哲学. 杭州：浙江教育出版社，2002.

39. 范德格拉夫，等. 学术权力——七国高等教育管理体制比较. 杭州：浙江教育出版社，2001.

40. 费孝通. 乡土中国. 北京：北京大学出版社，2012.

41. 比彻，特罗勒尔. 学术部落及其领地：知识探索与学科文化. 北京：北京大学出版社，2008.

42. 吉登斯. 社会学. 4 版. 北京：北京大学出版社，2003.

43. 张康之. 公共行政学. 北京：经济科学出版社，2010.

44. 梅. 社会研究：问题、方法与过程. 北京：北京大学出版社，2009.

45. 袁方. 社会研究方法教程. 北京：北京大学出版社，2016.

46. 陈向明. 质的研究方法与社会科学研究. 北京：教育科学出版社，2000.

47. 陈向明. 在行动中学作质的研究. 北京：教育科学出版社，2003.

48. 吕思勉. 中国通史. 上海：上海古籍出版社，2009.

49. 教育部. 中国教育年鉴（1949—1981）. 中国大百科全书出版社，1984.

50. 陈学恂. 中国近代教育史教学参考资料. 北京：人民教育出版社，1986.

51. 陈学恂. 中国近代教育文选. 北京：人民教育出版社，2001.

52. 孟宪承，孙培青. 中国古代教育文选. 北京：人民教育出版社，2003.

53. 舒新城. 中国近代教育史资料. 北京：人民教育出版社，1961.

54. 中华人民共和国教育部. 共和国教育 50 年（1949—1999）. 北京：北京师范大学出版社，1999.

55. 教育部. 中国教育年鉴：1949—1981. 北京：中国大百科全书出版社，1984.

56. 北京高等教育文献资料选编：1861—1948. 北京：首都师范大学出版社，2002.

57. 北京高等教育文献资料选编：1949—1976. 北京：首都师范大学出版社，2002.

58. 北京高等教育文献资料选编：1977—1992. 北京：首都师范大学出版社，2002.

59. 北京高等教育文献资料选编：1993—1999. 北京：首都师范大学出版社，2002.

60. 潘懋元，刘海峰. 中国近代教育史资料汇编：高等教育. 上海：上海教育出版社，2006.

61. 陈洪捷，施晓光，蒋凯. 国外高等教育学基本文献讲读.

北京：北京大学出版社，2014.

62. 钟启泉，崔允漷，张华. 为了中华民族的复兴　为了每位学生的发展——基础教育课程改革纲要（试行）解读. 上海：华东师范大学出版社，2001.

63. 俞可平. 治理与善治. 北京：社会科学文献出版社，2000.

64. 胡森，波斯尔斯韦特. 教育大百科全书：课程. 西南师范大学出版社，2011.

65. 坦纳，坦纳·学校课程史. 北京：教育科学出版社，2006.

66. 古德森. 课程与学校教育的政治学——历史的视角. 北京：教育科学出版社，2013.

67. Jerry G. Gaff. New Life for the College Curriculum：Assessing Achievements and Furthering Progress in the Reform of General Education. San Francisco：Jossey-Bass Publishers，1991.

68. Burton R. Clark. Places of Inquiry：Research and Advanced Education in Modern Universities. California：University of California Press，1995.

69. A. V. Kelly. The Curriculum：Theory and Practice. London：SAGE Publications，2004.

70. Jisun Jung，Hugo Horta，Akiyoshi Yonezawa. Researching Higher Education in Asia：History，Development and Future. Singapore：Springer，2017.

期刊论文类

1. 谢维和. 高校课程的变化与特点. 教育研究，2005（2）.

2. 谢维和. 相互听课：大学教学的学术规范. 中国大学教学，2013（11）.

3. 谢维和. 深化中小学课程改革的路径选择. 人民教育，2015（5）.

4. 黄福涛. 能力本位教育的历史与比较研究——理念、制度与课程. 中国高教研究，2012（1）.

5. 黄福涛. 中美日三国大学课程开发与教学的比较研究. 苏州大学学报（教育科学版），2013（1）.

6. 王伟廉. 中国大学课程与教学改革的历史与现状. 大学教育科学，2008（2）.

7. 刘献君. 大学课程建设的发展趋势. 高等教育研究，2014（2）.

8. 叶启政. 高等教育“国际化/在地化”的吊诡与超越的彼岸. 北京大学教育评论，2017（3）.

9. 何克抗. 从“翻转课堂”的本质看“翻转课堂”在我国的未来发展. 电化教育研究，2014（7）.

10. 李曼丽，徐舜平，孙梦嫽，等. MOOC 学习者课程学习行为分析——以“电路原理”课程为例. 开放教育研究，2015（2）.

11. 黄济，王晓燕. 历史经验与教学改革——兼评凯洛夫《教育学》的教学论. 教育研究，2011（4）.

12. James G. Ladwig，Amy McPherson. The Anatomy of Ability. Curriculum Inquiry. 2017，47（4）.

13. James G. Ladwig. Working Backwards Towards Curriculum：On the Curricular Implications of Quality Teaching. Curriculum Journal，2009，20（3）.

14. Moses，Indrid. Teaching，Research and Scholarship in Different Disciplines. Higher Education，1990，19（3）.

15. Anne Haarala-Muhonen，Mirja Ruohoniemi，Nina Katajavuori，Sari Lindblom-Ylänne. Comparison of Students' Perceptions of Their Teaching-Learning Environments in Three Professional Academic Disciplines：A Valuable Tool for Quality Enhancement. Learning Environments Research，2011，14（2）.

16. Carole Leathwood，David Phillips. Developing Curriculum Evaluation Research in Higher Education：Process，Politics and Practicalities. Higher Education，2000，40（3）.

17. Samuel Abaidoo，Lana Wachniak. Re-thinking Graduate

Education: An Imperative for A Changing World. The International Journal of Learning, 2007, 14 (5).

18. Cathleen Doheny. Graduate Teacher Education and Change: Insights from A First-Grade Teacher's Experience. Action in Teacher Education, 2002, 24 (3).

19. Karri Holley. The Challenge of An Interdisciplinary Curriculum: A Cultural Analysis of A Doctoral-Degree Program in Neuroscience. High Education, 2009, 58 (2).

20. Gerry Stoker. Public Value Management: A New Narrative for Networked Governance. American Review of Public Administration, 2006, 36 (1).

后　记

自2012年开设以“大学课程”为主题的研究生课程以来，笔者一直在思考高等教育课程的种种理论与实践问题，一些研究所得已经反映在这本书之中，但还有一些非常有意思的课程现象或问题仍然在困扰着我。比如大学课程的科学性与艺术性问题，从“制礼义以养人之欲”“化民成俗，其必由学”“大学之道，在明明德，在亲民，在止于至善”到“德育为先”“立德树人”，我国重视道德教育的传统是如何反映在课程体系的演变进程中的？又比如，如何从近现代课程的变革看教育领域传统与现代、中与西的关系？“古人善文章，今人善科技”与课程教学的内在联系是什么？这些问题还有许多待解之处，将鞭策我在大学课程的研究、学习与教学之路上继续努力跋涉。

本书写作计划始自2014年初，断断续续有4年之久，其间，还获得了很多前辈、同行的帮助，心中不胜感激。首先要感谢中国人民大学教育学院领导和同事的支持与鼓励，还要特别感谢段双双在第二章“我国近现代高等教育课程发展的历史”、薛欣欣在第三章第一节“课程与科研的关系”部分、龚丽鑫在第三章第三节“美国大学的研究生课程”部分中的资料整理工作。此外，感谢中国人民大学出版社政治与公共管理出版分社为本书出版所做的认真而细致的编辑工作。

受水平和资料限制，本书不当之处敬请读者批评指正。

胡莉芳

2017 年 12 月

图书在版编目（CIP）数据

高等教育课程的主要问题/胡莉芳著. —北京：中国人民大学出版社，2018.5
ISBN 978-7-300-25672-6

Ⅰ.①高… Ⅱ.①胡… Ⅲ.①高等教育-课程-研究 Ⅳ.①G642.3

中国版本图书馆 CIP 数据核字（2018）第 064185 号

高等教育课程的主要问题
胡莉芳　著
Gaodeng Jiaoyu Kecheng de Zhuyao Wenti

出版发行	中国人民大学出版社		
社　　址	北京中关村大街 31 号	**邮政编码**	100080
电　　话	010－62511242（总编室）		010－62511770（质管部）
	010－82501766（邮购部）		010－62514148（门市部）
	010－62515195（发行公司）		010－62515275（盗版举报）
网　　址	http://www.crup.com.cn		
经　　销	新华书店		
印　　刷	唐山玺诚印务有限公司		
开　　本	720 mm×1000 mm　1/16	**版　　次**	2018 年 5 月第 1 版
印　　张	13	**印　　次**	2024 年 7 月第 2 次印刷
字　　数	177 000	**定　　价**	72.00 元